暨南文库·新闻传播学
JINAN Series in Journalism & Communication

编 委 会

本书受中央高校基本科研业务费专项资金资助

暨南文库·新闻传播学 **1**

JINAN Series in Journalism & Communication

再访传统
中国文化传播理论与实践

晏　青　著
杨　威

暨南大学出版社

JINAN UNIVERSITY PRESS

中国·广州

图书在版编目（CIP）数据

再访传统：中国文化传播理论与实践/晏青，杨威著. —广州：暨南大学出版社，2019.12

（暨南文库. 新闻传播学）

ISBN 978 - 7 - 5668 - 2772 - 2

Ⅰ. ①再…　Ⅱ. ①晏…②杨…　Ⅲ. ①中华文化—文化传播—研究—中国　Ⅳ. ①G125

中国版本图书馆 CIP 数据核字（2019）第 225072 号

再访传统：中国文化传播理论与实践

ZAIFANG CHUANTONG：ZHONGGUO WENHUA CHUANBO LILUN YU SHIJIAN

著　者：晏　青　杨　威

··

出 版 人：徐义雄
项目统筹：黄圣英
责任编辑：冯　琳　姜琴月
责任校对：黄　颖　冯月盈
责任印制：汤慧君　周一丹

出版发行：暨南大学出版社（510630）
电　　话：总编室（8620）85221601
　　　　　营销部（8620）85225284　85228291　85228292（邮购）
传　　真：（8620）85221583（办公室）　85223774（营销部）
网　　址：http://www.jnupress.com
排　　版：广州尚文数码科技有限公司
印　　刷：广州市快美印务有限公司
开　　本：787mm×1092mm　1/16
印　　张：11.75
字　　数：203 千
版　　次：2019 年 12 月第 1 版
印　　次：2019 年 12 月第 1 次
定　　价：48.00 元

总　序

······

　　如果从口语传播追溯起，新闻传播的历史至少与人类的历史一样久远。古人"尝恨天下无书以广新闻"，这大约是中国新闻传播活动走向制度化的一次比较早的觉醒。

　　消息、传闻、故事、新闻、报道，乃至愈来愈切近的信息、传播、大数据，它们或者与人们的生活特别相关、比较相关、不那么相关、一点也不相干，或者被视为一道道桥上的风景、一缕缕窗边的闲情抑或一粒粒天际的尘埃，转眼消失在风里。微观地看，除了极少数的场景外，新闻多一点还是少一点，未必会造成实质性的差别；本质地看，人类作为社会性的动物，莫不以社会交往，包括新闻传播的存在和丰富化为前提。

　　这也恰好是新闻传播生存样态的一种写照——人人心中有，大多笔下无。它的作用机制和内在规律究竟为何，它的边界究竟如何界定，每每人见人殊。要而言之，新闻传播学界其实永远不乏至为坚定、至为执着的务求寻根问底的一群人。

　　因此人们经常欣喜于新闻传播学啼声的清脆、交流的隽永，以及辩驳诘难的偶尔露峥嵘。重要的也许不是发现本身，而是有越来越多的研究者参与其中，或披荆斩棘，或整理修葺。走的人多了，便有了豁然开朗。倘若去粗取精，总会雁过留声；倘若去伪存真，总会人过留名。

　　走的人多了，我们就要成为真正的学术共同体，不囿于门户之见，又不息于学术的竞争。走的人多了，我们也要不避于小心地求证、深邃地思考，学而不思则罔。走的人多了，我们还要努力站在前人、今人的肩膀上，站得更高一些，看得更远一些。

　　这里的"我们"，所指的首先是暨南大学的新闻传播学人。自1946年起，创系先贤、中国第一位新闻学博士、毕业于德国慕尼黑大学的冯列山先生，以及上海《新闻报》总经理詹文浒先生等以启山林，至今弦歌不辍。求学问道的同好相互砥砺，相互激发，始有本文库的问世。

"我们"，也是沧海之一粟。小我终究要融入大我，我们的心血结晶不仅要接受全国同一学科学术共同体的检验，还要接受来自新闻、视听、广告、舆情、公共传播、跨文化传播等领域的更多读者的批评。重要的不完全是结果，更多的是过程。在这一过程中我们特别关注以下剖面：

第一，特定经验与全球视野的结合。文库的选题有时是从一斑窥起，主要目标仍然是研究中国全豹，当然，我们也偶或关注印度豹、非洲豹和美洲豹。在全球化时代，我们的研究总体会自觉不自觉地增添一些国际元素。

第二，理论思辨与贴近现实的结合。犹太谚语云"人类一思考，上帝就发笑"，或许指的是人力有时而穷，另外一种解释是万一我们脱离现实太远，也有可能会堕入五里雾中。理论联系实际，不仅是哲学的或革命的词句，也是科学的进路。

第三，新闻传播与科学技术的结合。作为一个极具公共性的学术领域，新闻传播的工具属于拿来主义的为多。而今，更是越来越频繁地跨界，直指5G、云计算、人工智能等自然科学的地盘。虽然并非试图攻城拔寨，但是新兴媒体始终是交叉学科的前沿地带之一。

归根结底，伟大的时代是投鞭击鼓的出卷人，我们是新闻传播学某一个年级某一个班级的以勤补拙的答卷人，广大的同行们、读者们是挑剔犀利的阅卷人。我们期望更多的人加入我们，我们期望为知识的积累和进步贡献绵薄的力量，我们期望不辜负于这一前所未有的气势磅礴的新时代！

编委会

2019 年 12 月

前　言

…　…

　　传统文化的现代传承是一个"老而弥坚"的论题，内部存在文化、价值传统、内在信念、图式、生活哲学、世界观、权力、现代性、全球化等大量具有张力的关键词。文化发展离不开全球化语境，全球化与西方化（westernization）、美国化（Americanization）与现代化（modernization）紧密相关，其中中国又与现代化交织在一起。① 中国文化与西方文化、传统文化与现代文化在同一时空并存和互动。② 沿袭一个多世纪的中国传统文化的现代传承仍然是充满悖论、极富张力的问题域。

一、作为怀旧的文化

　　大众传播在近代社会对民族观念、国家观念的形成发挥了重要作用。自我感知理论认为，个体通过自己的行为和行为发生的情境了解自己的态度、情感和内部状态。③ 不仅如此，身份沟通理论（communication theory of identity）甚至揭示，身份是"信息与价值的汇集之所"④。社会认同理论认为，当人们将自己视为某一群体的成员时，会将内部群体视为与社会比较的参照，并且会将群体

---

　　① YANG D Y J, CHIU C Y, CHEN X, et al. Lay psychology of globalization and its social impact. Journal of social issues, 2011, 67 (4): 677－695.

　　② 张楠、彭泗清：《文化混搭下的文化变迁研究——过程和影响的探究》，《中国社会心理学评论》2015 年第 1 期。

　　③ BEM D. Self-perception theory//BERKOWITZ L. Advances in experimental social psychology. New York: Academic Press, 1972: 1－61.

　　④ HECHT M L, JACKSON R L, RIBEAU S. African American communication: exploring identity and culture (2nd ed.). Mahwah, NJ: Lawrence Erlbaum, 2003: 30.

态度和信仰作为自己的态度和信仰。① 文化认同是社会认同的一种特殊情况，是在特定文化层面上的情感归属倾向②，属于"文化群体的理想和价值观的识别"③。它不仅是一种身份标识，还包括族群认同④，以及其他社会身份认同（性别、阶层、种族和性取向），从而出现认同保护认知机制，即个体倾向于使自己的观点、态度、信仰与其参照群体中占主导地位的成员保持一致。⑤

在现代社会，现代性是一种风险文化，会让人产生本体的安全和存在性焦虑⑥，在这种情况之下，人就会转向过去，寻找一种文化上的自我认同。我们与传统文化之间存在一种难舍的情结，这里面包括越来越紧迫的，以及未来无限美好，美好却仍在路上的现代性。这种情结让人频频回头探望，在集体无意识的、仍感舒适的心理结构港湾去寻找人生的意义，犹如怀旧的心理机制。怀旧是对过去的一种寄有情感的渴望，它是一种与自我相关联的社会化情绪。在生命中重要大事的情境下，对怀旧体验典型特征的描述中，自我是与他人亲密互动的主角。⑦ 怀旧能够增强社会关联，提升感知社会支持的能力。⑧ 然而目前能够将怀旧情绪与消费者行为关联起来的文章仍然较为稀少，且大多集中于解释某一产品为何在市场中获得了成功，⑨ 如音乐、动画、汽车等产品在消费者青少年时期的流行将会影响其终生偏好，甚至有些依恋过去的文化。如依恋理论（attachment theory）在精神分析理论、信息加工理论与控制论的基础上被提

---

① TAIFEL H. Social psychology of intergroup relations. Annu. rev. psychol, 1982, 33: 1 – 39.

② 朱全斌：《媒体认同与传播科技》，台北：远流出版公司，1998 年。

③ SCHWARTZ S J, MONTGOMERY M J, BRIONES E. The role of identity in acculturation among immigrant people: theoretical propositions empirical questions, and applied recommendations. Human development, 2006, 49: 1 – 30.

④ UMAÑA-TAYLOR A J. Ethnic identity research: how far have we come? //SANTOS C E, UMAÑA-TAYLOR A J (eds.). Studying ethnici dentity: methodological and conceptual approaches across disciplines. Washington, DC: American Psychological Association, 2015: 11 – 26.

⑤ COHEN G L. Party over policy: the dominating impact of group influence on political beliefs. Journal of personality and social psychology, 2003, 85: 808 – 822.

⑥ ［英］安东尼·吉登斯著，赵旭东、方文译：《现代性与自我认同：现代晚期的自我与社会》，北京：生活·读书·新知三联书店，1998 年，第 39 页。

⑦ WILDSCHUT T, SEDIKIDES C, ARNDT J, et al. Nostalgia: content, triggers, functions. Journal of personality and social psychology, 2006, 91 (5): 975.

⑧ SEDIKIDES C, WILDSCHUT T, ARNDT J, et al. Nostalgia: past, present, and future. Current directions in psychological science, 2008, 17 (5): 304 – 307.

⑨ SCHINDLER R M, HOLBROOK M B. Nostalgia for early experience as a determinant of consumer preferences. Psychology & marketing, 2003, 20 (4): 275 – 302.

出，它关注深度的人际联结的"依恋"现象。该理论认为，在依恋行为系统中，个体感受到安全感、爱和信任，倾向于社会化，并且更易从事探索行为。依恋存在于人们从"从摇篮到坟墓"的毕生发展中，会影响人际社会功能的表达、应对方式和心理幸福感。① 传统文化何尝不是在给我们建立一种存在的安全感呢？

二、文化的冲突、适应与反哺

在全球化交往中，不同国家、族群之间的文化处于趋同与冲突的双重变奏之中，集体主义与个体主义的激烈碰撞尤其明显。从结构主义的视角来看，社会文化模式影响个体行为。对此，一般认为世界上主要存在个体主义（individualism）和集体主义（collectivism）两种模式。② 中国文化是集体主义模式的。集体中心倾向（allocentrism）的人容易把焦点放在群体或社会水平上，强调人与人之间的相互依赖、个人对社会的义务和职责、个体在群体和社会中所扮演的角色等，指向共同的目标。

同时我们也看到，不同文化之间的互动引起的适应与沟通成为常态。文化适应理论可以解释新媒介使用的不同群体间的文化理解问题。所谓文化适应，是指拥有不同文化的群体发生持续接触后，引起其中一个或两个群体文化变化后的现象集合。③ 文化适应分三种情况：第一种是主动适应，又称为"行为转换"或者"社会技巧获取"④；第二种是遇到的困惑、压力和文化冲突较大，个体经历"文化冲击"或"适应性压力"⑤；第三种情况是当文化变迁超出了个体承受的程度和能力，导致个人产生抑郁、焦虑等心理不适时，个体会出现

---

① RAVITZ R, MAUNDER R, HUNTER J, et al. Adult attachment measures: a 25-year review. Journal of psychosomatic research, 2010, 69 (4): 419 – 432.

② GOUVEIA V V, CLEMENTE M, ESPINOSA P. The horizontal and vertical attributes of individualism and collectivism in a Spanish population. The journal of social psychology, 2003, 143 (1): 43 – 63.

③ BERRY J W, KIM U. Acculturation and mental health, 1988.

④ FURNHAM A, BOCHNER S. Culture shock: psychological reactions to unfamiliar environments. London: Methuen, 1986.

⑤ BERRY J W, KIM U, MINDE T, et al. Comparative studies of acculturate stress. International migration review, 1987, 21: 491 – 511.

"心理疾病"①。走出国门的中国人或者外国人，哪怕不同民族、地域，不同代之间，都会遇到文化适应的问题，这更能说明传播与交流的重要性所在。

随着时代的不断发展，特别是近二十多年来的互联网发展，"数字记忆"时代得以形成。② 媒介对记忆的影响突出，记忆研究出现了现代转变，包括从"我们知道什么"到"我们如何记住它"，还有代际记忆的变化，技术记忆的飞速发展，记忆力下降的恐慌，这些都是我们迷恋提升记忆，以及重塑过去的动力。③ 甚至有学者认为"文化记忆史就是文化记忆的媒介史"④。

但是，我们发现，这种文化记忆已然在风云变幻、代际更替的空隙中淡化或不复存在。⑤ 卡瓦里（Cavalli-Sforza）和费尔德曼（Feldman）提出三种文化传播的类型：父母对子女的代际文化传播的垂直型传播；非基因关系的老一代对年青一代的传播的倾斜型传播（oblique transmission）；同辈人之间传播的水平型传播。⑥ 经验告诉我们，这三种文化传播类型中，老一代的经验似乎已无法发挥作用，甚至有一些还是前行或创新逻辑下的负担。当代社会创新机制产生了这样一种情况，即以打破、颠覆、超越等行为为尺度，同辈人与同辈人"互哺"、年轻人对年老者"反哺"成为文化生产的新机制和社会新动力。

传播的社会效果研究认为信息动机与态度生产、态度变化的独特机制相联系。⑦ 传统文化的效果的实现途径有很多，如劝服研究的双模式——启发式／系

---

① JAYASURIYA L, SANG D, FIELDING A. Ethnicity, immigration and mental illness: a critical review of Australian research. Canberra: Bureau of Immigration Research, 1992.

② GARDE-HANSEN J, HOSKINS A, READING A. Save as digital memories. Palgrave Macmillan, 2009.

③ NEIGER M, MEYERS O, ZANDBERG E (eds.). On media memory: collective memory in a new media age. Springer, 2011.

④ 王蜜：《文化记忆：兴起逻辑、基本维度和媒介制约》，《国外理论动态》2016 年第 6 期。

⑤ GINGES J, SCOTT A, DOUGLAS M, et al. Sacred bounds on rational resolution of violent political conflict. Proceedings of the national academy of science, 2007, 104: 7357–7360.

⑥ CAVALLI-SFORZA L L, FELDMAN M W. Cultural transmission and evolution. Princeton, NJ: Princeton University Press, 1981.

⑦ WOOD W. Attitude change: persuasion and social influence. Annual review of psychology, 2000, 51 (1): 539–570.

统模式 （heuristic/systematic model）① 和尽可能详尽模式 （the elaboration likelihood model）②，它们的中心意涵是，态度变化的决定因素和过程取决于人们处理问题相关信息的动机和能力。人们思考的次数越多，便会越仔细处理已呈现的相关信息，并受其影响。人们越被某些信息激活，态度就越容易被该信息中蕴含的议题指涉（issue-relevant）的想法决定③。在说服语境中，与议题相关的细节通常涉及各种信息，仔细研究、作出推论、产生新的论点，并对态度对象的优点得出新的结论。这种说服范式揭示，强有力的、有说服力的论点通常是高价值、相关联的。④ 传统文化在富媒体中的表征或以劝服为旨归的诉求下呈现多媒介、多平台传播景观，不论是文化冲突、文化记忆还是文化反哺，作为"涵养"、知识或劝服的传统文化永远都处在融合事业之中。

三、技术体系中的意义缝隙

实际上，我们无法忽视媒介技术和大众媒介之于文化的作用，这是时代的共识。海德格尔认为，技术不仅影响我们之外的世界，还以新的方式影响我们的存在。⑤ 技术源于文化，但技术又以不可预知的方式改变文化。虽然技术本身无法决定社会文化的变化，但它为更多可能性提供了新条件。⑥

技术接受模型（TAM）表明，用户对媒介的价值感知是用户接受意愿的决

① CHAIKEN S, GINER-SOROLLA R, CHEN S. Beyond accuracy: defense and impression motives in heuristic and systematic information processing//GOLLWITZER P M, BARGH J A（eds.）. The psychology of action: linking cognition and motivation to behavior. Guilford Press, 1996: 553 – 578.

② PETTY R E, WEGENER D T. Attitude change: multiple roles for persuasion variables// GILBERT D T, FISKE S T, LINDZEY G（eds.）. The handbook of social psychology. McGraw-Hill, 1998, 1: 323 – 390.

③ PETTY R E, CACIOPPO J T, HEESACKER M. The use of rhetorical questions in persuasion: a cognitive response analysis. Journal of personality and social psychology, 1981, 40: 432 – 440.

④ EAGLY A H, CHAIKEN S. The psychology of attitudes. Orlando, FL: Harcourt Brace Jovanovich, 1993.

⑤ HEIDEGGER M. Time and being. MACQUARIE J, ROBINSON E, trans. Washington: SCM Press, 1997.

⑥ KATZ J E, M AAKHUS（eds.）. Perpetual contact: mobile communication, private talk, public performance. London: Cambridge University Press, 2002.

定因素，用户的其他信念（有用性、愉悦性、技术性）通过感知价值而被中介化。有学者基于计划行为理论（TPB）和创新扩散理论发展了该使用模型，并提出影响移动互联网使用的关键因素包括：接入费、服务成本、用户满意度、个人创新能力、易用性、同伴影响和便利条件。[①] 信息技术（IT）被认为在内容"民主化"方面具有潜力，大量的教育媒体和工具，使内容易于理解，扩大了文化遗产开发的可能性，甚至曾经处于"鄙视链"底端的网络游戏也逐渐得到正视。虽说这些"所有选定的游戏主要是为了娱乐而制作的，但是它们的历史知识也可以被用于教育"[②]。因此寓教于乐与游戏化，被认为是文化遗产的传播策略。[③]

移动传播时代，技术驱动的移动媒体产生了新的符号空间和深度互动的语境，形成了新的文化传播范式。很多研究关注手机是如何被引入它的文化产生，技术及其使用是如何通过各种话语进行叙述与想象的，尤其是广告、品牌、符号、图像、语言、隐喻和修辞。[④] 移动传播是颠覆性的，它是影响人类的行为模式、心态变迁、文化生成等重要变量。德国社会学家汉斯·盖泽（Hans Geser）指出："手机的意义在于使人们进行沟通，同时不受物理接近度和空间的限制。"[⑤] 手机产生了新的传播空间和文化空间，比如，卧室文化对客厅文化的取代。[⑥] 这也涉及空间分配机制的更新，比如年轻人用手机来宣示占领周边的空间。[⑦] 文化实践逻辑有所改变，发短信和在线沟通已经影响了语言的演变，

---

① HUNG S-Y, KU C-Y, CHANG C-M. Critical factors of WAP services adoption：an empirical study. Electronic commerce research and applications, 2003, 2 (1)：42 – 60.

② ANDERSON E F, MCLOUGHLIN L, LIAROKAPIS F, et al. Developing serious games for cultural heritage：a state-of-the-art review. Virtual reality, 2010, 14 (4)：255 – 275.

③ MANCUSO S, MUZZUPAPPA M, BRUNO F. Edutainment and gamification：anovel communication strategy for cultural heritage. Archeostorie, journal of public archaeology, 2017, 1：79 – 89.

④ WANG J. Youth culture, music, and cell phone branding in China. Global media and communication, 2005：185 – 201. KAVOORI A, ARCENEAUX N (eds.). The cell phone reader：essays in social transformation. New York：Peter Lang, 2006.

⑤ GESER H. Towards a sociological theory of the mobile phone//Emerging media：communication and the media economy of the future, 2004：235 – 260.

⑥ FUREDI F. How the internet and social media are changing culture. Aspen Institute, 2014.

⑦ WEILENMANN A, LARSSON C. Local use and sharing of mobile phones//Wireless world. Springer, London, 2002：92 – 107.

产生了新的仪式与象征，对人的身份认知影响巨大，① 新的象征体系建立并在年轻人群中产生意义。移动媒体在程度和范围上都实现了传播的"同步性、本地化和个性化"实践，重构了当下的传播环境。② 尤其人们的时间、空间、文化、身份和民族，都在新媒体技术中处理，或者被处理。③ 移动媒介为传统文化传播、体验和意义再生产提供了新的介质。

　　大众传播媒介具有信息传播、个人认同、整合和社会互动、娱乐等四种功能。具体到使用者的内在动机，正如使用与满足理论认为，个体受众如何使用这些媒介取决于其社会和心理需求以及追求满足的动机。④ 媒介依赖理论（MDT）是研究媒介使用/接触的一个中介变量，它揭示个体对媒介的动机或需求越强，就越容易产生媒介依赖。⑤ 个体对媒介依赖程度越高，媒介对其影响越强。传统文化同样有利于实现文化认知、身份认同等动机，这对传者和受众同样重要。

　　20 世纪后半期开始，媒介的作用突显，从"媒介化"（mediatization）、"文化的泛媒介化"（madiatization of culture）、"全息化媒介世界"（media-saturated world）、"数字化生存"等诸多表述中可以发现媒介逻辑对于现代生活的影响已成为学界共识。不过，对媒介的负面声音从未断过，柏拉图批判过写作，认为写作削弱了头脑，会摧毁人们的记忆；印刷机的发明曾被认为对欧洲文化、社会秩序和伦理道德构成威胁；广播电视在英国崛起之后被认为是对公共生活的腐蚀。这些思维和观念也影响到人们对新媒体的认知，所以互联网也被认为对大脑有破坏作用。

　　传统文化的现代传播何尝不是在多种声音的论辩中进行的。人类传播的形式有三个特征：可控制性，形式可以有无限多种表达和交流的可能；转译性，

---

① FUREDI F. How the internet and social media are changing culture. Aspen Institute, 2014.

② JENSON K B. What's mobile in mobile communication? Mobile Media & Communication, 2013, 1（1）：26 - 31.

③ KUSNO A, MRAZEK R. Engineers of happy land：technology and nationalism in a colony. Indonesia, 2002, 74：165.

④ KATZ E, GUREVITCH M, HASS H. On the use of mass media for important things. American sociological review, 1973, 38（2）：164 - 181.

⑤ SUN S, RUBIN A M, HARIDAKIS P M. The role of motivation and media involvement in explaining internet dependency. Journal of broadcasting & electronic media, 2008, 52（3）：408 - 431.

尽管意义的某些元素和层面可能在转译过程中遗失；形式可能会再媒介化。[①]传播形式本身是多种多样的，但也是转译的，在编码/解码过程中，某些元素不可避免地遗失掉。这些或许可被视为"流动的现代性"和后现代社会的更广泛和更复杂的社会学问题的一部分。

四、传统文化的媒介化想象

即使媒介系统不是社会变迁最有力的因素，但是在有些时候，也是最有力和最明显的因素。[②] 在技术图式中的聚合式传播语态中，深度互动的语境得以形成。在这种传播范式和情境中，传统文化的现代传承的技术话语、娱乐修辞、技术逻辑置换等范畴，形成新的传播假设与逻辑。

在生产层面，多元逻辑共同生成与发展。目前中国传统文化生产存在这样一个格局：政府大力倡导、传统媒体跟进、新媒体裹足不前。政府在"十三五"规划中的文化规划，中共中央办公厅、国务院办公厅颁布的《关于实施中华优秀传统文化传承发展工程的意见》等都体现了国家对文化宏观发展的整体性把握和重视。国家领导人在多个场合强调传统文化的继承与发展。传统媒体如电视方面的传播实践颇多，从1958年中国电视事业之始，京剧、古诗歌、评书等传统文化搬上荧屏，到目前传统文化的综艺化、专题片化、娱乐化等趋向愈加明显。比如《朗读者》《中国诗词大会》《经典咏流传》等文化节目成为话题性节目，文化传播效果显著。而覆盖面最广的新媒体在传统文化传播上动力不足。在这样一种格局下，笔者认为各方用力不可偏废，要坚持市场逻辑、民族—国家建构逻辑与文化逻辑的多逻辑共同推进。在融合逻辑选择上，遵循以市场为行为构架的资本逻辑、以文化认同为驱动力的民族—国家建构，以及以人的发展为旨归的文化逻辑。例如，有些现代建筑等现代文化形态被认为是传统文化与现代文化融合的成果。网络游戏也可以是大众文化与传统文化共同作用下的文化产品。时尚与传统文化并非泾渭分明，而是相互转化的，只是以另

---

① ［丹］克劳斯·布鲁恩·延森著，刘君译：《媒介融合：网络传播、大众传播和人际传播的三重维度》，上海：复旦大学出版社，2015年，第90页。

② KANG J G, MORGAN M. Culture clash: impact of US television in Korea. Journalism quarterly, 1988, 65 (2): 431 -438.

一种形式、元素融入现代生活。很多影视作品也是如此，比如迪斯尼拍摄的《花木兰》，梦工厂拍摄的《功夫熊猫》等。全球化与本土化之所以能够统一，在于全球化并不等于"全球一致化"，而是"多元一体化"。① 传统文化与其他文化互为补充，互为融合，在螺旋竞合中，最终形塑成"多元一体"的现代文化。中西两体的结构性的撞击、交融和结合的"互为体用"，不失为当下多元文化情境的发展取向。将传统文化嵌入媒介产品，以融入当代文化结构，互为表里，在大众媒介中实现文化交往，最终共同形塑现代文化景观。

在内容层面，是"人性化趋势"与文化生产伦理。"人性化趋势"（anthropotropic）是保罗·莱文森首次提出的词汇，用以描述媒介技术在进化过程中越来越表现出符合人类需求、迎合人类感知特性的趋势。② 媒介的技术范式与模态被认为是依循人的需要而不断进化。媒介技术下的传统文化生产与发展无法摆脱此趋势。这个趋势的启示意义是，作为物质介质和内容持存的传统文化都要符号化人类需求。传统文化不可能以前现代形态与模式进入现代社会，它最终要面对不同阶层的广大群众并融入其中，成为每个公民的生活内容和行为规范，成为广泛的、基础性的、流行性的，真正支配大众日常生活的大众哲学。概而言之，传统文化的生产哲学是知识认知与文化传承，是一种"传统的'文化事业'视角，将文化的范畴限制在一种既定的、继承的、累积的艺术实体、美学形式、符号意义体系及文化活动上"③。传统文化是古代积累下来的经验与教训，能够为现代生活提供认知范式。现代文化则不同，它更注重快乐体验，整个大众传媒都在用娱乐编织快乐的体验。因此，为突破这种鸿沟，"快乐"成为内容生产的重要伦理，继而形成新传播情境中传统文化现代叙述的由官方、市场和个体共同谱写的机制。流行文化的文化传播，有流行音乐《青花瓷》中宋词的典雅意境，网络小说《甄嬛传》融入《红楼梦》的语言风格等例子。

在效果层面，是大数据技术与文化传播效果评估。大众传播时代的文化传

---

① 杨中芳：《现代化、全球化是与本土化对立的吗？》，《社会学研究》1999 年第 1 期。

② ［美］保罗·莱文森著，熊澄宇等译：《软边缘：信息革命的历史与未来》，北京：清华大学出版社，2002 年，第 60 页。

③ 金元浦等：《文化复兴：传统文化的现代价值》，北京：中国人民大学出版社，2014 年，第 38 页。

播评估更复杂，大数据分析中的数据挖掘、机器学习、数据分类和聚合、预测模型等方法和手段有助于传统文化传播效果评估。以移动媒介为例，移动性、便携性更容易聚集碎片化的时间和注意力，促成全息化的媒介化生存，移动传播的随身便携性，能实现永恒的"交流的到场"。信息时代传统文化的价值内涵，已经不再是虚拟、无法测量的，而是通过采集和分析每个主体的个人信息，以及各现实维度的现状与走势，寻找各方效应的最大公约数，实现最优化的传播方案。

　　中国作为一个大国，应当为全球的意识形态、全球知识作出贡献，而不能满足于守持"中国特色"。① 多元逻辑情境下文化生产的整合思维、人性化趋势下的文化逻辑与效果评估的大数据技术，是现代传统文化传播理念的更新和路径选择。中国传统文化进入现代并融入 2.0 模式，即由组织化、认知话语的生产方式转向生活化、关系化、情境化的融入机制。因此，传统文化应从当代社会内在的技术结构、不同领域的话语实践和意义模式中重启。

　　传统文化的移动传播研究仍然是一个随着实践逐渐明晰的领域，它涉及的意义空间很辽阔。因此，在考察传统文化与媒介的作用的研究中，我们需要拓宽和加强移动传播的影响，了解社会和文化建设与媒介之间的挪用和驯化现象。

　　阿里夫·德里克在《后革命时代的中国》一书中说，20 世纪 80 年代儒学话语把孔子变成了东方式的"钱袋子"，90 年代初孔子则被从博物馆搬进了主题公园。顺着这个逻辑，那么现在我们又要将孔子编码到数字世界。后儒家（post-Confucianism）时代东方人的东方性的自证，除了在国家形象、文化自信等宏观话语体系中能得到彰显，在微观层面的符号传播可能也是沟通国家之间、族群之间的温润之语，是真正的"你侬我侬，忒煞情多"。

---

① 金惠敏：《全球对话主义》，北京：新星出版社，2013 年，第 3 页。

第一章

媒介意蕴：来自不同介质的人文底色

　　丹麦学者施蒂格·夏瓦在《文化与社会的媒介化》中提出文化社会的发展已媒介化了，他用"媒介逻辑"这一术语描述媒介所具有的独特方式及特质。①中国文化的媒介逻辑因不同媒介而有所不同。从大众传播诸媒介来看中国文化传播情况，可以窥见其独特逻辑，不同的媒介导引出不同的文化传播景观，甚至麦克卢汉的"媒介即信息"在很多层面都有具体的呈现。

---

　　① ［丹］施蒂格·夏瓦著，刘君等译：《文化与社会的媒介化》，北京：中国传媒大学出版社，2018年，第21页。

第一节　从"可读"到"可感"：
从报纸到新媒体的传播实践

信息传播和文化传承的媒介一直在变动，从商朝的甲骨、周朝的青铜、秦朝的石刻，到汉代的竹简、绢帛、碑刻；从纸张和印刷术的出现，到广播电视的风靡，再到新媒体的涌现。近代以来，中国传统文化的传播媒介形态经历了从大众报刊、广播电视到新媒体的演变过程，每种媒介都引向一种新的文化尺度。

一、报纸：静态图文中传统文化的主流呈现

报纸是以"报道新闻、传播知识、提供娱乐"为宗旨的信息媒介。以图文报道为主、少有反馈互动机制的报纸在传播传统文化时延续着政论报刊时期的"观点纸"基因，这就决定报纸在传播传统文化时以单向度、宣传式特征为主，要求导向正确，符合主流价值观。

首先，报纸在传统文化的选择上，倾向于符合社会主流价值观、具备知识文化内涵的内容。准确地讲，报纸上的传统文化更多的是一种传统文化的宣传，带有教化目的，具有文化精英情结。比如社会主流价值采写，宣传道德人物典型、历史名人轶事、节日习俗、公益广告等，都是采撷传统文化中的思想道德文化主流，意在通过此类传统文化的传播，提升受众精神文化水平与思想认识。报纸媒介隐含着"观点纸"的基因，在内容的选择上尤其注重传统文化中精神文化和思想道德的呈现与传达。值得注意的是，报纸在传播传统文化时，内容具有鲜明的地方（地域）特色。各个城市或地区的报纸会结合自身的文化资源展开传统文化的传播，比如文化遗址、历史遗迹、城市景观、特色建筑等。

其次，在版面设计上，主流呈现具体体现为传统文化元素的融入与运用。比如，中华民族风格的色彩使用。其一，中国红。中华民族作为崇尚红色的民族之一，广泛地在各种传统喜事中运用红色，比如婚礼中的红色喜服、盖头、喜字，春节时的红包、灯笼、对联等。红色在中国传统文化中对应着吉祥、喜庆、欢快和热情。每逢传统节日，报纸版面通常是红色，用以传达吉祥喜庆、

欢度佳节的热烈氛围。其二，水墨色。热情洋溢的中华民族也有淡雅朴素的一面，水墨山水画就是佐证之一。黑色的典雅、朴素，象征着舒适、宁静的环境以及恣意、不争的心境。中华民族的色彩取向融入报纸的传统文化传播中，体现出浓厚的主流传统文化特色。

最后，在表达形式上，报纸在传播传统文化时囿于媒介特性，侧重于视觉，包括文字和图片，静态呈现，画面感与生命力欠缺。准确来说，报纸图文结合的静态呈现形式，限制了报纸传播传统文化时的动态呈现。报纸上的传统文化传播，无论选择的文化内容如何，都是以文字、图片或文字与图片结合的方式呈现，虽然有图片居中调节文字堆积的沉重感，但是仍旧在很大程度上散发着文化庄严、肃穆、专业的气息。而且，值得注意的是，报纸以文字为主、图片为辅传播的媒介特性对受众的认知水平和文化程度也有一定的要求。综合来说，报纸上文字这一表达形式原本就与观点、教育有着千丝万缕的联系，适合传统文化的主流价值呈现。

综上，大众传播时代的大众报刊聚焦于传统文化中主流价值、主流思想和主流审美的传播，为其传播行为披上了宣传教化色彩。报纸这一传播媒介一方面由于"观点"基因和图文传播形式的特性，保存了传统文化传播中的文化精神道德、意识观念价值；另一方面也由于这一特性导致无法动态呈现传统文化，画面动感和生命力缺失。单向度、自上而下的媒介属性和以图文为主的表达形式，使得报纸在传统文化传播时呈现出主流化特征，并因文字堆积和主流倾向过盛而无法与大众契合，导致报纸传统文化传播仅是向少部分受众进行传统文化宣传的窗口，无法实现传统文化的有效传播。

二、电视：声画一体中传统文化形象的具化

20 世纪 60 年代，德国社会学家 W. 林格斯认为电视是"震撼现代社会的三大力量之一"，他把电视与原子能、宇宙空间技术并称为"人类历史上具有划时代意义的三大事件"。[①] 1960 年开始，电视的影响力超越报纸、电影、广播成为最主要的大众传媒，它的魅力在于兼具视觉和听觉手段，综合画面、声音、

---

① ［德］W. 林格斯：《电视：第五面墙壁》，转引自郭庆光：《传播学教程》（第二版），北京：中国人民大学出版社，2011 年，第 105 页。

文字等多种形式传递信息，给受众以强烈的画面感和现场感。

21 世纪以来，传统文化电视节目层出不穷，其中不乏制作优良、口碑极好的节目。例如中央电视台播出的《我在故宫修文物》《中国成语大会》《国家宝藏》等。这些文化节目在收视攀升的同时，还引爆了受众对传统文化的兴趣和关注，掀起了一股传统文化热潮。至此，电视文化节目历经几次转变，"文化节目的语态经历从教育语态、故事语态到融合语态的演变过程"。不同时期，电视媒介传统文化节目中的声画运用也印证了电视媒介经历了从宣传窗口、故事讲述者，最终到艺术导演的角色转变。

（一）传统文化的宣传窗口：声画调度单一，受众角色缺席

电视文化节目诞生初期，与其说其是对传统文化的传播，不如称其为民族文化传承的主导话语。因为"传统文化更多地被认为是一种认知话语和启蒙资源，传播话语也是基于民族的宏大叙事和传承价值取向为主"。[①]

首先，早期的电视媒介上多以读书类节目为主。比如，中央电视台《读书时间》（1996）、河北电视台《读书》（2000）、凤凰卫视《开卷八分钟》（2007）等。经典书目需要读者进行深度阅读以实现与作者的心灵碰撞，完成自身学识修养和思维习惯的提升与更新。然而，电视媒介的属性限制了深度阅读的展开，10～30 分钟的节目时长远远不足以实现对经典书目的深度解读。多数电视节目都沦为经典作品的导读和搬运，更多的是文化的生硬灌输，而非实质的文化思想交流。

其次，早期的电视文化节目，在传统文化传播声画调度上略显呆板和无趣，受众角色缺失。早期的文化类节目，对于画面和声音的调度比较单调，因为节目机位和背景固定，画面多在主持人与史料（图片、历史视频）之间来回切换，受众在画面中缺失，角色被声画固定在电视屏幕之外。同时，声音内容仅是主持人人声（旁白声）与固定的背景音乐，受众在声音中依旧缺席。电视媒介中传播者"高高在上"的姿态依旧存在，受众角色在声画中均不在场。因此，早期电视媒介上的传统文化传播，只是主持人主导的自上而下、由屏幕内向屏幕外的一股脑儿的灌输。

---

① 晏青：《神话：理解中国传统文化的媒介化生存》，北京：中国社会科学出版社，2015年，第 145 页。

（二）传统文化的故事讲述者：画面调度单一，受众缺席或闪现

电视文化节目演变中，讲座类型的文化节目风靡一时。比如，最具代表性的讲座式电视文化节目《百家讲坛》，选择受众最感兴趣、最前沿、最吸引人的选题，涉及文化、历史、经济、军事等多个领域，通过传统文化的故事化讲述搭起一座由专家通向老百姓的桥梁。首先，区别于早期读书类文化节目，讲座类文化节目注重文化故事系列的讲述，而非对某一文化作品的搬运。例如，32 集系列讲座《武则天》，讲述武则天是如何成为中国历史上独一无二的女皇帝；16 集系列讲座《唐玄宗与杨贵妃》，讲述了唐玄宗与杨贵妃之间的爱情故事。

其次，讲座电视文化节目在声画调度上略有改变。虽然在画面的调度上，仍旧延续之前主讲人（主持人）与史料之间的来回切换，但是在声音运用方面更加丰富，主讲人通过"那么有些人就会问了""大家可能觉得""我们现在看"之类的表述，带观众出场。至此，受众开始打破与传播者之间的"荧幕屏障"，进入电视媒介传统文化的传播过程中。传播者放低从前高高在上的姿态，打破了电视媒介上受众声画缺席的尴尬境地，受众通过影响内容取向和声音间接出场参与传播传统文化。因此，这一时期电视媒介上的传统文化传播，是主讲人引导下的对话式、探讨式的故事化讲述，受众地位提升，传统文化从神坛落入人间。但是，这一阶段的电视文化节目仍旧没有充分调度出声画呈现的优势。

（三）传统文化的艺术导演：声画调度多样，受众角色在场

近年来，电视文化节目迎来发展的春天。《中国诗词大会》《见字如面》《朗读者》等电视文化节目霸屏，一度成为受众关注的热门节目。电视文化节目类型多样，蔚为大观。比如文化情感类节目《朗读者》、文化益智类节目《中国诗词大会》、历史文化喜剧类节目《你好！历史君》、文博探索类节目《国家宝藏》等。电视媒介上传统文化内容涵盖日常生活的各个方面，包括但不限于文物、礼仪、饮食、汉字等。

电视文化节目的声画调度更多样化。电视画面不再是固定机位拍摄的固定画面与史料之间的简单切换，画面丰富多样从而使电视变成真正意义上的动态传达。比如《国家宝藏》画面的呈现就很丰富：①主持人串场，与明星、专

家、现场观众互动；②明星国宝守护人演播室现场演绎文物藏品背后的故事；
③现场观众观看、互动（鼓掌、表情等）；④藏品及其现场相关活动（如古画
调色）。同时，电视声音也不再是主持人或主讲人的讲解或自问自答，字正腔圆
的旁白也基本上被取缔，而其他参与者，包括专家、明星、受众的声音都出现
在同一现场，辅以适合藏品及故事基调的背景音乐，收获"1＋1＞2"的效果，
丰富多样的画面、声音建构了完整的、动态的传统文化电视媒介传播。因此，
这一时期的电视媒介契合电视媒介声画呈现的媒介属性，增加了传统文化传播
中的角色和元素，确保受众角色在场，实现现场参与互动和屏幕外的代入互动，
生动形象，引人入胜。

电视媒介弥补了报纸动态画面传播的缺陷，传统文化不再是文字和图片的
静态呈现，而是像现实生活一样逼真的动态视频。区别于报纸中读者通过文字
自行想象传统文化，电视媒介声画的多样调度，使得传统文化具化为具体的动
态画面，栩栩如生。就电视媒介自身而言，虽然依旧遵照单向度的传播，但是
受众地位得以提升和明确。观众逐渐在声画中间接出场和直接在场，未在场观
众通过代入现场观众角色，获得精神上的互动。电视媒介传播姿态日趋故事化、
平民化、亲近化。

三、新媒体：互动内核中的文化编码者

移动互联网时代，媒介技术让移动终端内容的即时创作与分享成为可能，
传统文化文本内容的生产和消费变得更加便携，文字、图片、音视频，传递的
信息内容更加丰富，叙事景观也日益丰富。

首先，新媒体在传统文化的表达形式上，擅用"表情包"和"网络语言"。
比如故宫博物院微信公众号"故宫淘宝"以"网络语"和"表情包"运用见
长，阅读量超过 10 万的推文，如《朕是如何把天聊死的》《从前有个皇帝他不
好好读书》《朕生平不负人》等，全部采用"文字＋图片＋网络语言＋表情包"
的呈现方式。网络用语和表情包的加入，丰富了符号意义，受众在理解吸收传
统文化的同时，还会自带网络文化逻辑，自行联想并丰富符号意义，从而完整
文本表达，加深文化认同和文化体验。例如，《就这样被你征服》推文中就使
用了"尔康系列表情包"，因为"尔康系列表情包"在网络世界中早已经成为
"流行文化"，已经涵盖网络意义因素、内容连带逻辑以及受众使用记忆，该符

号在表达原始意义的同时，它在推文中的使用也唤醒了多重意义，能多元映射，丰富文本叙事景观。

其次，新媒体在传统文化的内容编排上，简短精悍，结构紧凑，追求碎片化呈现。比如微信公众号"故宫淘宝"相较于 2015 年之前中规中矩的科普文话语结构——整段文字搭配图片的"豆腐块"摆放，2015 年之后，"故宫淘宝"推送文章话语风格迥异。文字排版从长段的"豆腐块"版式转变为语意精练短促的"细条块"版式，话语结构短、层次分明、行文结构紧凑，并且通过文字加粗、放大、醒目颜色等话语系统操作，营造出强节奏感氛围，可读性和趣味性应运而生。

最后，新媒体传统文化传播的话语体系，体现在大众化和平民化。区别于传统文化传播一本正经的话语体系，新媒体中的传统文化不再是"庄重""高冷""权威""严肃"的代言词，相反，"温情""呆萌""接地气"的形象开始深入人心。传统文化从之前"教化""高高在上""宣传"的口吻中挣脱出来，变得更加贴近大众，更像是主观口吻的吐槽、调侃、戏谑，代入感强，有利于受众承认、接受和适应传统文化。比如故宫淘宝的宣传语"点头 yes 摇头 no，帝后跟亲说 hello"，"那一年，他 45 岁，终于走上了人生巅峰，当上了大清帝国的 CEO"，瞬间解构历史庄重形象，让严肃的庙堂人物变得可爱有趣。

有趣的是，新媒体在传播过程中出现明显的传统文化符号的再生产现象。传统文化中蕴含着丰富的文化符号，是新媒体传播、弘扬传统文化，挖掘传统文化因子的不竭之源。微信公众号"故宫淘宝"在传播传统文化实践中，成功活化故宫角色，皇帝、妃嫔、大臣、侍卫、宫女被打造成为人物 IP（知识产权），字画被创作成可供保存的古典动图或者表情包。"通过符号化、幻影化的虚拟实践，体验文化时尚和消费，将信息和娱乐范式转换为现实的形象，参与想象的共同体，塑造普遍的认同性。"① "故宫淘宝"通过把故宫人物、历史文物等活化成动漫形象、壁纸图片、表情包等符号，将传统文化转化成为现实的形象，粘黏受众参与想象，强化文化、身份认同。推文依据历史人物画像设计逗趣表情包、手机壁纸、动漫小剧场，比如《朕有一组壁纸要传授给你》就将雍正等诸位皇帝设计为表情包、壁纸，供受众下载使用，使得故宫文化贴近大众。

---

① 陈伟军：《新媒体语境中的文化引领与价值形塑》，《现代传播》2013 年第 7 期。

与此同时，在新媒体上，传统文化感官化和故事化传播更为显著。其一，感官化。"故宫淘宝"微信公众号将绘画作品《雍正行乐图》改编成 GIF 动图，雍正濯足图动态化，作渔夫打扮的雍正，不顾形象地挠脚丫，配文"朕……脚痒……"；雍正夜读图动态化，作书生打扮的雍正，围着炉火夜读，配文"朕就是朕，颜色不一样的烟火"。《雍正行乐图》不再是阳春白雪的、静态的绘画艺术品，而是动态的、受众喜闻乐见的传统文化。其二，故事化。微信公众号"故宫淘宝"，按照时间顺序依次排列推送文章，可明显发现一个阅读量"分层点"。上溯到 2014 年 8 月 1 日，"故宫淘宝"首次试水，区别之前 119 篇推送文章，抛却简单的"文字 + 图片"故宫知识科普文传播结构，在文本中大胆加入网络用语和表情包，以历史人物轶事为切入点，打造了一个"卖萌耍贱"的讨喜形象。"故宫淘宝"发布《雍正：感觉自己萌萌哒》的推文，阅读量首次突破 10 万，发布仅一个星期，点击量就突破 80 万。

所以说，新媒体成为透析传统文化传播的主要阵地，它借用网络程式铸就的传统文化传播的现代框架，构建出一种历史感与现代感并存的传统文化输出模式，给受众建构传统文化认同与体验的"空间"。

四、趋势：从文化传播到文化融入

（一）从媒介选择到媒介共存：传统文化的媒介生态

麦克卢汉媒介演化"四期说"——口语文化、文字文化、印刷文化、电子文化，将注意力聚焦到传播媒介演变本身。他认为媒介（技术）的演变历程遵循着"后视镜"的基本运作规则："我们透过后视镜看现在，我们倒退走步入未来。"[①] 我们通过对旧技术境遇的了解，感知新媒介。基于这一观点，保罗·莱文森进一步提出"补救性媒介"（remedial media）理论："媒介进化是一种系统内的自调节和自组织，其机制就是'补救性媒介'，即'后生媒体'对'先生媒体'按其'人性化趋势'有补救作用。"[②] 任何媒介都是某种旧媒介或者某种缺失功能的"补救和补充"。传统文化传播媒介变迁历程中，电视之于报纸，

---

① ［美］保罗·莱文森著，何道宽译：《数字麦克卢汉：信息化新纪元指南》，北京：社会科学文献出版社，2001 年，第 247 页。

② ［美］保罗·莱文森著，何道宽译：《数字麦克卢汉：信息化新纪元指南》，北京：社会科学文献出版社，2001 年，第 179 页。

补救了报纸动感画面缺失的先天不足；而新媒体之于电视，则补救了电视单向度传播、缺乏互动的先天不足。

值得注意的是，传统文化传播媒介，如报纸、广播、电视、新媒体，彼此之间并非对立、区隔的关系。相反，新媒介都是从文化形态的演变中逐渐脱胎出来的，并非凭空的、独立的出现。如今，报纸、广播、电视、新媒体仍旧共存，共同进行着传统文化的传播。除此之外，"先生媒体"面对"后生媒体"的冲击与挑战，积极寻求合作转型。比如，报纸在新媒体平台开设账户，微博号、微信公众号等；又比如，电视节目在新媒体上的跨媒体叙事实践。传统文化的传播历经了从媒介选择到媒介共存的生态变化，从文化传播的民族规划转向日常生活的文化融入。

（二）媒介演变与传统文化传播转变

传播主体去专业化。传播者作为传播行为的发起人，处于传播过程的首端，对传播内容、走向以及风格形式起着控制作用。传统文化媒介传播过程中，传播主体经由报纸上的记者、作家到电视上的专家、学者和教授等知识分子，再到新媒体上的明星和普通受众的转变。显然，传统文化传播者呈现出去专业化的态势。准确来讲，是削弱传播主体的专业角色，允许明星或普通民众加盟，让传统文化的传播回归日常生活。

传播内容的亲近化。传统文化传播媒介的转变影响传统文化内容选择偏向转变。报纸在传播内容选择上偏向于中国传统文化中的经典作品，符合主流价值，此类内容多是阳春白雪，曲高和寡，对于受众而言具有"距离感"和"陌生性"，无法契合受众自身的文化体验；这一尴尬境遇在电视媒介上得以缓解，电视媒介声画合一的特性使得传统文化形象具化，内容选择上也逐渐向民众靠拢。比如，美食纪录片《舌尖上的中国》讲述的就是中国饮食文化；而新媒体则是传统文化的"百货商店"，琳琅满目的"商品"供君选择。从前在报纸、电视媒介上被边缘化的传统文化，在新媒体平台中开辟出一片天地。比如汉服文化，汉服爱好者在微博、微信等新媒体平台上"圈地自萌"，他们在线交流有关汉服的文化知识、穿戴方式和感受体验，建构了一个以汉服文化为核心的兴趣圈子。传播媒介的演变促使传统文化内容偏向完成了从阳春白雪的文化经典到与贴近受众生活的文化共存的转变。

受众扮演多元角色。传统文化传播媒介的变化影响受众在文化传播过程中所扮演的角色。报纸于受众而言更像是传统文化的宣传窗口，受众处在被动接受或无法接受的尴尬境地；电视媒介仍旧是单向度传播，受众依旧扮演着被动角色（然而，不容忽视的是，电视媒介开始重视受众在内容、形式上的偏好。即便囿于电视媒介特性，完成度有限，但也不失为一个受众地位提升的好兆头）；新媒体于受众而言则是一个广阔的新天地。技术赋权受众参与到传统文化的传播与生产，由被动接受到主动参与、自主选择，受众扮演着多元角色。准确来讲，受众既是传播者，也是生产者，还是用户。受众既能选择是否参与，也能选择参与方式，还能选择参与内容。比如，新媒体上喜爱传统汉服的受众就会"圈地自萌"，而其他受众可依据自身喜好选择参与与否以及如何参与。

多种文化呈现形式融合。传统文化媒介的变化影响了传统文化的呈现形式。从报纸图文结合的、单向度、静态呈现，到电视媒介声画一体的、单向度、动态呈现，再到包括文字、图像、声音在内的多种形式结合的、双向互动、融合呈现，媒介技术不断革新与丰富着传统文化的呈现形式。传统文化的媒介图谱多元丰富，受众可以根据自身偏好，选择喜爱的呈现形式。

因此，在媒介变迁史中，传统文化的传播呈现不同的运动轨迹。报纸囿于静态图文传播、"观点纸"基因和认知水平门槛的特性，传统文化传播趋向于宣传主流价值取向；电视媒介基于声画一体传播的特性，具化传统文化的形象，故事化、平民化讲述则强调了受众喜好；新媒体利用多媒体互动语境，融合运用多种编码方式，为传统文化建构了一个传播与体验的"自由空间"。同时，传统文化的传播历经了从媒介选择到媒介共存的生态变化，从文化传播的民族规划转向日常生活的文化融入。

传统文化源自于民众生活实践的沉淀积累，终需回归到民众的日常生活文化中去，进而完成传统文化的传承与创新。传统文化传播媒介的演变历程实质上是传统文化日常回归的写照。报纸媒介上，传统文化的传播更多裹挟着宣传、教育目的。早期的电视媒介也是如此，声画调度单一，受众角色缺席，一股脑地灌输传统文化。随后，在电视媒介故事化、亲近化讲述中，传统文化声画形象逐渐具化。这一风格延续至新媒体平台，并且展现出更大的传播效力。它借用现代化编码方式，构建出一种历史感与现代感并存的传统文化输出模式，给受众建构传统文化认同与体验"空间"。由此可见，传统文化传播媒介由报纸到电视，再到新媒体的演变过程，其实就是传统文化由庄重、严肃的神坛回归到民众日常生活的过程。至此，契合受众日常生活和文化体验的传统文化得到更好的理解与传承。

第二节 "可见"的话语：来自
电视媒介的传播语态

电视媒介以视觉性见长，它将人类的想象从文字王国中解救出来，带入丛林原野。文化的现代传播也因此失去文字逻各斯的庇护，进入由收视率主导的商业法则，呈现于可视化准则之中。

新世纪以来，电视文化节目在眼花缭乱的节目类型中脱颖而出，成为娱乐化热潮中一道清新的风景，尤其是 2017 年，全国省级以上电视台新播出 39 档文化节目。这些节目在获得"绿色"高收视率的同时，掀起"传统文化热"，传播和弘扬了人文精神。目前学界主要从文化生产、编排方式、社会功能等层面进行研究，但对贯穿其中的电视语态少有关注。电视语态是指电视媒体叙述的方式、风格形式，包括视听元素、表述方式等方面的综合呈现。不同时期有不同的语态特征，从 2000 年前后的《读书时间》《百家讲坛》，再到如今大热的《中国诗词大会》《经典咏流传》，文化节目的语态经历了从教育语态、故事语态到融合语态的演变过程。

一、教育语态：认知逻辑下的传统表达

宣传功能是我国电视媒体的重要功能，在电视发展早期甚至出现"宣教式"语态，即"上传下达，传播者高高在上的支配性语态"。[1] 这种语态以单向度、灌输的话语特征为主，要求导向正确，进行政策方针的宣传。该语态影响新世纪初期的文化节目的表达方式、节目结构与内在精神。例如《读书时间》《子午书简》等节目在内容、表达方式和节目形式等方面表现出的精英化倾向、教育式语态的特点。

首先，在节目内容的选择上，倾向于经典的传统解读。准确地讲，该阶段的传统文化更多地被认为是一种认知话语和启蒙资源，传播话语也是以基于民

---

① 高红波：《中国电视语态的变迁》，《电视研究》2008 年第 11 期。

族的宏大叙事和传承价值取向为主。① 具有代表性的是读书类节目，以经典的、富有文学性的作品为底本，以严肃的学术讨论贯穿全程。比如节目《读书时间》选取《荷马史诗》《诗经》《周易》等经典作品进行阅读与传播；《子午书简》则涉及诗歌、美文等，都以传统的文化意义呈现为正轨，引领观众读好书、品好文。此类节目是精英文化传播的重要渠道，在内容的选择上尤其注重经典性、严肃性和规范性，跟娱乐节目的生活化、搞笑的内容拉开距离，呈现"陌生化"的艺术效果。

其次，在表达方式上，教育语态具体表现为节目主体的文化阐释。比如，主持人的"朗诵腔"、文化知识表达的"说教气"。主持人在保留早期新闻播音员字正腔圆的基础上发展出"朗诵腔"，这种表达风格讲究语调优美、韵律和谐、抑扬顿挫，跟严肃的内容表达相契合。例如，《子午书简》介绍作品时多使用长句、复杂句，除了在语言上富有哲理和诗意，更表现出学理性很强的书面化语态，即把隐喻性的书面语言直接移植到电视节目表达。文化主体的语气和叙述的态度充满了"说教气"，体现出浓厚的精英色彩。改版前的《百家讲坛》更是如此，主讲人多为颇有名气的学者大家，长期置身于学术话语体系中，其表达方式讲究专业严谨，难免陷入施教窠臼。

最后，节目编排形式上，侧重听觉，忽视画面的潜能，有声而无画，导致节目"观看"沦为"听节目"。具体来说，多设置朗诵、书评、演讲等环节，讲究朗诵的艺术感，演播厅多为一书架、一椅子，嘉宾保持同一姿势置于画面中心，画面缺乏动感。主持人、评析人与观众之间鲜有交锋，缺乏戏剧化冲突。例如，《读书时间》以读书、评书及专业知识的讲解为主要内容，这就意味着作品朗诵、专家学者的演讲或讲解是最主要的传播形式。总的来说，节目还是以"读"为编排节目的主要手段，画面制作缺乏美感和动感。

所以说，新世纪早期的文化节目过于注重文化教育、思想启蒙功能，电视传播也没有充分挖掘电视作为视听化媒体的特性。单向度的节目编排和文化传播，深奥的内容和说教式语言风格使得这类节目呈现"教育式"传播语态特征，并因专业化和学术化而无法进入大众视野，导致电视文化传播局限于少数观众，无法全面提升公众文化内涵。

---

① 晏青：《中国传统文化的媒介化生存：知识转换、国家认同与政治合法性》，《内蒙古社会科学》（汉文版）2014 年第 7 期。

二、故事语态：话语方式更新与时间机制重建

故事是符合人性的，它用感性的方式实现人们的认知功能，深度契合人的心理活动规律和情感结构，是人们文艺记忆、成长历程的重要策略。人们喜欢看有故事性、情节性的节目，而观众的趣味是节目内容和理念不断更新的重要参考。因此这个阶段的文化节目倾向于选择富有话题性和趣味性的故事题材，对经典故事的改编、奇闻轶事的演绎、野史秘闻的窥探都在其列。相比于之前"传道授业解惑"的教育功能诉求，这时期的题材选择更注重勾起人们的好奇心和兴趣，提供一个好故事。趣味的解读和通俗化表达增加了节目的可看性，节目的内容、形式也更新奇、更符合人们的接受心理，体现了电视节目人本精神的回归。

最典型的案例《百家讲坛》，因遵循了这种规律而成为当时的"现象级"文化节目，它是考察 21 世纪初文化传播与知识分子转型的重要现象。节目首选有故事性的文化内容，或将严肃的历史文本用"故事化"的手段表现。常见的手法有从遣词造句入手，在节目的题目上加入奇闻、怪谈的字眼，将原本枯燥无味的主题包装成令观众好奇和感兴趣的形式："疑案""揭秘"等。此外，与社会上的热点联系起来拓展文本，提升文化故事与热点这一伴随性文本的意义生产空间。主持人的开场白引入社会热议的话题或者讲一个故事带出当天节目的主题，这不仅一开始就让观众进入轻松的情节或氛围，还体现了与受众的互动意识。梁文道主持的《开卷八分钟》以时事热点作为开场白的形式广受欢迎。湖南教育台的《湖湘讲堂》，讲解人通过纵横捭阖的故事情节分享湖湘文化，其中《纪连海：晚清名将左宗棠》系列中，纪连海凭借跌宕起伏的讲故事风格，讲述晚清名将左宗棠从一个失意的落榜之人到苦苦支撑晚清危局的统帅的经历，将他的形象塑造得有血有肉，把他的军事生涯讲得有声有色，让观众有身临近代中国激荡历史的感觉。在内容上纳入故事文本，使言语的表达更加活泼灵动，文化节目严肃的话语体系开始有了新的拓展。

"故事化"更新了一整套话语体系，表现在大众化、平民化的讲述方式上。这表现为摒弃单一的"读书"模式，形式上更注重灵活性、趣味性，结合故事文本用"调侃""讲故事"的方式营造平民化的基调。故事语态的文化节目跟脱口秀有相似之处，脱口秀最大的特点就是内容有趣，语言极具感染力。《百家

讲坛》台上的嘉宾对历史故事侃侃而谈的同时，跟观众有一定程度的交流和互动的对话模式，更具亲近感。此外，在这个阶段的节目中，主讲人或嘉宾大量使用"大家会发现""大家知道""我们今天就说说"等表述，强调的是"大家""我们"而非"我"，用一种对话、平等的方式改变了以往节目自说自话、高高在上的姿态。有趣和亲近的讲述方式是电视文化节目的重大改革，节目集文化、学理、趣味于一体，兼顾文化和娱乐。

故事语态还有其独特的时间机制。故事语态要求文化节目在情节营造上注重设置悬念和制造冲突，以突出节目的戏剧化效果。节目在时间分配与注意力争夺中实现独特的时间叙事。这表现为在整个叙事中用悬念和冲突将节目分割为一个个连贯的小故事，让节目跌宕起伏，使观众保持对节目内容的兴趣。即便本质是枯燥无味的文化性、历史性内容，也能够给观众带来生动有趣的观看体验。《百家讲坛》的做法就是如此，节目制作"像好莱坞大片那样，要求 3 ～ 5 分钟必须有一个悬念"①。每个节目内容设置一个总的悬念，这个总悬念一般是该讲座的总纲和所要解决的问题，再辅以多个小悬念，如明十七帝疑案、秦可卿之死、揭开狮身人面像神秘的面纱等。这种叙述结构使叙事变得环环相扣，让观众欲罢不能。

所以说，故事语态以轻松、快乐、故事等"软"形态的产品，实现参与文化生产、传播社会主流价值观的"硬"价值，让"快乐"成为文化融合的助推力。文化节目不一定要束之高阁、曲高和寡，尊重人们的观看喜好，发展出让观众喜闻乐见的节目形式，就能将注意力这一稀缺的资源吸引过来，引发全民关注文化发展这一当代命题，提升文化在当代的价值。

三、融合语态：探索有意味的文艺形式

2015 年以来，大量原创节目和传播创新使得文化节目成为传媒热点。《中国诗词大会》《见字如面》《经典咏流传》等节目在文艺性题材的基础上，借鉴综艺节目的模式，融合娱乐、真人秀、社交等元素，呈现传统文化在教育语态、故事语态、娱乐语态、社交语态等语态上的融合。融合语态是在多元化的媒体时代和人们的观看需求多样化的环境下产生的，区别于前期风格鲜明的节目形

---

① 王小峰：《打造学术演讲明星》，《三联生活周刊》2005 年第 44 期。

态。现今的各类电视节目加入了真人秀节目和娱乐节目中的综艺元素、娱乐元素，文化主体也从单一的群体走向多样化。节目不再囿于严肃的文化表达，而是打破文化与现代人的审美形式和文化认知的障碍，将文化引入观众的日常媒介消费生活中。可以说，各类节目之间的界限趋于模糊，呈现多种类型节目融合发展的特点。

首先，在节目结构上，教育语态和故事语态的融合成为基本结构。区别于前一阶段过度追求故事化引发的启蒙焦虑，本时期的节目以人文艺术题材为基调，以分享故事、文化传播与价值引导为节目重心，故事与文化价值互为表里，相辅相成。两种语态共同构成节目的形式与内核。故事性几乎贯穿整个节目流程，即从内容到文本、参与性、背景及后期的故事性设计。其区别单一语态节目的地方在于，教化表达隐藏得更深，往往通过人物背景故事潜移默化地影响观众的认知。《朗读者》在文化呈现、文化体验之余，回到历史现场回味书信主人身上的故事和经历，使蕴藏在书信中的历史、文化和精神被展现出来。比如在《朗读者》第 11 期的节目中，通过外交官安文彬回忆自己在香港回归前夕斡旋，为争 2 秒而谈判 16 次的经历，带领观众重温了激动人心的香港回归，让人们在香港回归 20 周年的日子里，对中华民族的峥嵘岁月有更深切的感受和体会。文化节目避免对故事的过度迷恋，选择以故事来解读文化的生成背景，让观众在嘉宾个人的生命、情感经历中感悟文化的深层内涵。

其次，在节目话语上，娱乐语态越来越影响文化传承。所谓娱乐语态，是指在节目中运用娱乐的风格、话语方式，比如用明星化、表演化等手法来表现内容。文化表达有理性范式和叙事范式两种，前者认为只有专家或权威才能呈现和辨别正确的论据，而后者认为任何具备一些常识的人都能看出好故事的重点，并判断其作为信念和行为基础的价值。后现代社会传媒消费活动中的理性范式弱化，中心主义、反权威主义，专家、知识分子等传统理性范式机制在文化生产与体验中让位于文化叙事。娱乐语态最突出的特点是文化主体的转向，即主讲人由知识分子转为明星艺人。之前学者、专家是节目文化的主导性主体，比如易中天、阎崇年等，都是由传统知识分子转型而来，与文化具有天然的联系。目前较为常见的形式是"知识分子＋明星"结合共同作为文化传播主体，知识分子注重阐释，明星的表演和出场为节目新的解读方式和娱乐因子，如《国家宝藏》主持人是影视明星张国立。在节目《见字如面》中，明星用"表演"的方式阐释书信，表演者的身份让他们更善于把信中的感情和冲突演绎出来，情感渲染更加到位。如第 1 期节目中女演员归亚蕾朗读蔡琴写给前夫杨德昌的信时，其注满了情感的演绎加上现场悲伤的音乐，使得这个爱情故事催人泪下，感人至深。《经典咏流传》中，古诗词被谱成现代歌曲，由明星传唱而成为受追捧的流行歌曲，比如王俊凯演唱的《明日歌》，杨洪基、王晰演唱的《滚滚长江东逝水》、谭维维演唱的《墨梅》等。有趣的是，这种融合中渗入了多种价值，比如由乡村老师梁俊改编而成的《苔》，这本是清代袁枚的诗作，在原文的基础上融入现代语境，把山区小孩的境遇和希望寄托在歌词中，"苔花如米小，也学牡丹开"，其坚韧的精神和生命力直叩人们的心扉。节目在传播传统文艺的同时，还为现代文化提供了一件文化作品，让崇尚教育、奋斗不息的主流价值得以传播。无论是明星演绎书信，还是把古诗词改编成现代歌曲，都是将传统文化和现代娱乐元素结合起来，创新文化表达的方式，使话语表达、人物、故事回归于日常生活。这契合了现代文化形态和人们的心理结构，是电视文化节目传播的重要突破，也是文化实现当代发展的新机遇。

最后，在接受层面上，社交元素融入语态，拓展了传播的效果链。在社交媒体的语境下，用户思维主导了一系列变革，文化节目创新性地发展出了"社交语态"：电视文化节目在社交媒体的讨论中进一步得到传播与讲述。这种新语态是基于用户的需求和新媒体使用习惯而产生的，是基于一定的社交关系，在同一个话题中参与、分享和互动而产生的话语形态。新媒体的赋权打破了电视媒介和观众之间的隔阂，观众不再满足于坐在电视机前被动地接受电视的单向传播，文化节目也积极地通过社交网络跟观众形成互动交流。

一方面，电视文化节目积极建设新媒体传播矩阵，推出视频客户端，开通官方微博、微信公众号、头条号，或入驻社交媒体（头条号、抖音），以此来加强宣传、同步节目信息。节目请来的明星艺人在微博上也有极强的号召力，在社交媒体传播力加持下，实现跨屏互动。例如，《国家宝藏》就分别在微博、微信、头条号、B 站（哔哩哔哩视频弹幕网站）传播，效果显著。截至 2018 年 5 月 2 日，官方微博"CCTV 国家宝藏"（现改名为"央视综艺国家宝藏"）有 82 万粉丝，微博主话题"#CCTV 国家宝藏#"阅读量达 17.1 亿次，官方微博持续三个月单日阅读量均超过 100 万次；9 期节目中，其微信公众号阅读数超 10 万的文章有 110 篇以上，节目播出期间几乎保持每天更新内容。《国家宝藏》节目双微（微博、微信）平台留存用户数累计破百万；头条号有 1 700 多个粉丝。

另还有数据表明，节目相关视频在 B 站播放量破 2 000 万次。① 此外，社交元素也融入节目，观众打开微信"摇一摇"就可以投票或抽奖。如节目《百家姓》会提示"微信摇一摇，可互动赢取奖品"；《念念不忘》则提示观众"打开手机天猫，全天摇摇摇，红包抢不停"；《经典咏流传》提示用微信"摇一摇"，由诗歌改编的歌曲可即时分享到微信朋友圈，观众还可以一边看电视一边在微信、微博上评论，跟网友交流看法。

另一方面，文化节目成为社交平台的谈论对象，节目的话语不再局限于电视节目本身，而是跟民间话语在不同的媒介中实现了互通共融，优秀传统文化得以传播得更广。比如，《经典咏流传》节目里关于青年偶像王俊凯演唱《明日歌》的微博，转发量上万，评论也有几千条。这首歌号召人们珍惜时间，积极向上，在这样的传播力度下，正能量在青年人中得到散发与传承。改编歌曲《苔》在网上流传甚广，在线下还被拍成微电影、用于公益项目等。这使得"以诗和歌"、将传统文化创造性转化的形式为更多人接受。浙江卫视的《汉字风云会》制作了多个短视频节目"考你个字"，每条视频都有上千万次的点击转发；《喝彩中华》与天天 P 图 App 合作，推出"戏曲变脸"活动，上线四天即获得 240 万转发量，"喝彩人"的才艺表现以视频形式推送到各大社交平台。由此，围绕文化节目的大量微视频、碎片化话题或热门文章，在社交平台得到讨论、传播，完成节目价值的再生产和再创造，扩大了节目的知名度和影响力。社交语态一方面打破了观众和节目之间的隔阂，实现了彼此的互动交流，另一方面也丰富了话语形态，给观众和自身提供了更多元化的选择和表达，促成传统文化发展出新的形式。

近些年来，国家陆续出台一系列政策，为文化节目探索文化编码、主流价值传播带来新的目标。2017 年 1 月 25 日发布的《关于实施中华优秀传统文化传承发展工程的意见》中提出，文艺创作要从中华文化资源宝库中提炼题材、汲取养分，把中华优秀传统文化的有益思想、艺术价值与时代特点和要求相结合，运用丰富多样的艺术形式进行当代表达，推出底蕴深厚的优秀文艺作品。所以，这为融合语态提出了更高要求，即如何在喜闻乐见的娱乐化、日常化、故事化等方式中，在有意思和有价值之间寻找平衡，多方借鉴，积极创新，传播文化

① 沈策：《是时候将民族最上乘的东西展示出来》，微信公众号"央视综艺国家宝藏"，https://mp. weixin. qq. com/s/N3WS3_PjAJRpK6LqrQxm4A，2018 年 2 月 12 日。

知识，提升受众文化水平，传承中华文化。

新世纪以来，因媒介功能认知、文化逻辑、策略选择的差异，电视文化节目呈现出不同的语态。教育语态在内容遴选、表达方式和编排方式上呈现出认知话语、文化启蒙的焦虑；故事语态关注故事与情节，从而更新了文化话语体系和时间机制；融合语态源于不同价值诉求形成的集教育语态、故事语态、娱乐语态、社交语态于一体的传播样态，融合了认知、教育、社交等元素，是传统文化现代传播的探索轨迹，也是人性化的传媒实践。

文化节目的语态形态是市场、观众、主流价值等因素共同作用下的结果，教育语态、故事语态、娱乐语态、社交语态之间的互相交融或同时融合在同一文化节目中，也进一步说明传统文化具有多种功能。同时，文化主体的开放性使得传播文化的主体不再局限于专家学者，主打"娱乐"的明星也能担起传播文化的角色。而社交媒体的互动性让文化节目穿过单一平台的壁垒，实现"社交关系"上的语态融合。融合语态有效弥补了单一语态的不足，也推陈出新发展出观众喜闻乐见的新语态，兼顾了文化教育和娱乐需求。在这种融合下，节目在现代传媒系统中实现"仪式化生存"①，能够最大限度地实现文化传承，以及文化平民化、生活化的日常生活融入。

由此可见，新世纪以来，文化类电视节目从"宣教式"传播到故事化表达，再到融合教育、社交等元素，是传统文化现代传播的探索轨迹，也是一个越来越平民化、娱乐化和社交化的过程。因为契合观众的心理和情感，从而拥抱了大众并在这种共融互渗中实现了文化的日常化和主体化。

第三节　可移动的邂逅：来自
移动媒介的传播逻辑

在联合国教科文组织的定义里，传统知识是一种依赖于当地生态系统的知识形态，大多（有时甚至全部）食物、药品、燃料、建筑材料和其他产品都依

---

① 晏青：《仪式化生存：中国传统文化的传播面向与表征模式》，《福建师范大学学报》（哲学社会科学版）2014 年第 3 期。

赖当地的物种。随着现代化工程的展开，传统知识逐渐边缘化，人们大量接触（例如文化互动和形式化的学习）非传统知识或间接接触（例如电视和其他媒体）非本土价值观、态度、思维方式、制度等。这两种知识来源，成为人们理解周边世界意义的框架，现代知识也在不断更新或修订传统知识。在过去的一个多世纪里，中国的传统文化经历过类似的迷思。如今，传统文化重新成为现代中国人的文化选择之一。正如党的十九大报告指出的，深入挖掘中华优秀传统文化蕴含的思想观念、人文精神、道德规范，结合时代要求继承创新，让中华文化展现出永久魅力和时代风采。让传统文化成为弥补西方文化不足的重要文化资源，成为中国文化走出去的重要部分。

一、问题的提出：传统文化的移动传播之维

每种媒介形态都有与之相适应的文化形态和时空结构。移动媒体生产了新的社会情境和跨越物理空间、深度互动的语境，延伸出一系列全新的社会行为方式，并通过人们网络行为的模式化、惯性化的自在规范，逐渐建构出新的文化传播范式。

移动互联网的重要地位日益凸显，智能手机、平板电脑等移动终端成为人们上网的最主要手段。国外学术界在 2010 年前后提出移动学（mobilology）概念[1]，讨论移动传播对文化的影响。据第 40 次《中国互联网络发展状况统计报告》，截至 2017 年 6 月，我国手机网民达 7.24 亿。移动传播影响深远，"新的移动计算技术不仅仅将电话功能加在小型电脑之上，它为应用软件带来一种全新的模式（应用），一个全新的设计和售卖应用软件的生态系统（应用商店），以及一个全新的人机界面体验（多点触控屏幕）"[2]。甚至移动电脑将成为标准的全球通用的计算技术平台。[3] 麦肯锡咨询公司发布研究报告评出 12 项有望改变未来生活、商业和全球经济的颠覆性技术，排在首位的便是移动互联网。移动传播被认为是大众传播未来最重要的形态，其趋势不可阻遏，新的文化传播

---

[1]　ANDREJEVIC M. Media and mobility. The international encyclopedia of media studies, 2013 (3).

[2]　[美] 迈克尔·塞勒著，邹韬译：《移动浪潮：移动智能如何改变世界》，北京：中信出版社，2013 年，第 7 页。

[3]　[美] 迈克尔·塞勒著，邹韬译：《移动浪潮：移动智能如何改变世界》，北京：中信出版社，2013 年，第 7 页。

范式也因此产生。所以问题是，在这场传播变革中，中国传统文化的传播会遇到哪些新的挑战和机遇，它如何汇入新的传播秩序，实现移动化生存？

关于传统文化的现代转化，以及与大众传媒的互动研究主要有这样几个方面。一是中国传统文化的融合研究及各种文化形态的融合研究。中国历史上儒、释、道、法家等思想长期互动，并形成独有的融合历程与机制。同时，传统文化与现代文化形态的关系为学者关注。诸如现代建筑、网络游戏、时尚等与传统文化并非泾渭分明，而是相互转化的，传统文化是以另一种形式融入现代生活。二是从大众传播视角研究传统文化。第一个维度是从本体论角度，孙旭培、邵培仁、谢清果、潘祥辉等学者研究华夏传播概念、华夏传播断代史、华夏传播媒介、华夏传播理论建构、民族文化传播学、诸子传播思想等。第二个维度是从方法论角度，研究传统文化如何促进媒介内容生产、作为渠道的大众媒介如何有效传播传统文化。但大众传媒对传统文化的消解之弊也为学界诟病。三是传统文化的移动传播研究和新兴媒介的文化研究。此研究还处于起步阶段，研究认为移动媒体重构传统文化的现代结构。移动技术与移动终端对传统文化知识认知与传播深有影响。

尽管在文化传承实践上已有一定成绩，但移动传播情境被忽视，造成大众传播某些重要维度被漠视。正如有学者指出的，尽管移动传播已广泛使用，移动传媒的产业政策、制度规制等方面研究丰厚，但是文化维度没有得到应有关注。[①] 正如有学者指出的，要充分地理解多元文化流动性或者手机与当代文化的多样性的联系。[②]

笔者之所以认为要重视传统文化移动传播规律的研究，除了移动传播将成为传统文化传播的重要平台与重要语境，还在于移动互联网具有海量用户、即时传播、言论自由、互动性强等特点，对文化的生产和传播带来了范式革命。传统文化作为一个民族的精神基因，在以大众文化为基调的媒介文化系统中，缺乏有效的动力机制和作用机制，日益被边缘化。现代性的悖论已为人们所揭示，现代性以进步、发展之名，破坏传统文化原貌，原先所拥有的艺术意蕴和民俗文化心理在潜移默化中被置换成具有多重含义和多种可能性的文化产品，

---

① GOGGIN G. Cultural studies of mobile communication. Hand book of mobile communication studies，2008：353.

② BERRY C，MARTIN F，YUE A（eds.）. Mobile cultures：new media in queer Asia. Durham，N. C.：Duke University Press，2003.

这也颇受诟病。但是，一个时代有一个时代的文化传承方式与表现形式，尽管传统文化会弱化或异化，但也无法规避现代商业话语的规约。所以说，传统文化要汇入现代化进程，最重要的一条道路应该是汇入现代文化流通体系，而其中不可忽视的莫过于大众传媒。在大众传播语言系统中，传统文化的时代错位性，使得它无法直接进入大众传媒语法，进行传统文化的传播话语转换。

所以说，将传统文化与移动传播结合起来，能够有效改变其被边缘化的处境。从理论层面来看，将传统文化纳入移动媒体这一时代新课题，考察传统文化在现代大众媒介转型的角色与处境、传播特征、生成机理与理论逻辑等问题，可以深化当代媒介文化研究，一方面阐释传统文化在移动时代的意义生成机制、意识运作模式，另一方面拓宽媒介文化研究视野，完善媒介文化研究生态。从实践层面上看，可为传统文化在移动媒体时代的传播，探索可供操作的契合性方案。从内容生产方式到文化产业的核心层，从业务流程创新到文化产业的外围层，从市场再造途径到文化产业的相关层，移动媒体对传统文化产业的影响是多维度、深层次的。我们应打破传统文化滞后的研究格局，立足于移动媒体的崭新视野，提出资源整合化、路径迂回、目标集聚、营销联动等传播策略，为传统文化的移动传播提供信息流、资金流与人才流动联动的生存环境，拓宽传统文化的媒介化生存格局和路径。

二、从移动传播进入日常传播

传统文化的现代传播无法超脱世俗化、娱乐化的时代语境。波兹曼在谈到电视娱乐化问题时甚至说"娱乐是电视上所有话语的超意识形态"[①]。移动传播本身的娱乐现象是明显的。传统文化面对泛娱乐化的传媒体系时，并非要一味迎合娱乐话语而无底线地打破自身文化价值和结构，传统文化可根据文化类别、媒介的规定性，积极应对时代变迁，为"体"或为"用"，或体用互用，进行不同程度的符号生成、文本再造和价值重组。因此，像《百家讲坛》《见字如面》《中国好诗词》等以传统文化为内核的电视节目，尽管在播出形式、传播者素养、经典解读、节目生产等方面对传统文化有一定的弱化或消解之弊，但

---

① ［美］尼尔·波兹曼著，章艳译：《娱乐至死》，桂林：广西师范大学出版社，2004年，第112页。

是这些尝试都应当鼓励和宽容。在当今急速变迁的时代，传统文化传播的原教旨主义并非明智之举。

在泛娱乐的背景下，传统文化的媒介内容创作的重要之举是话语转化，"硬"价值加"软"形态是一种尝试。传统文化的哲学、伦理、话语逻辑偏于宏大或严肃，比如，"为天地立心，为生民立命，为往圣继绝学，为万世开太平"的胸襟、仁者爱人的伦理法则、"留取丹心照汗青"的民族气节等优秀民族价值，不能用灌输方式进行，当前存在的问题除了因时代背景的差异带来的认知困境，还在于如何实现与现代传媒话语融合。总的来讲，传统文化的移动传播是认知话语和传承话语，怎样以轻松、快乐、感官等"软"形态，实现参与社会生产、传播社会主流价值观的"硬"价值尤为必要。在此基础上，还要提供个性化的内容生产，例如《汉字英雄》的成功在于立意、制作与受众定位是台网联动、深度互动的结果。"爱奇艺作为《汉字英雄》的视频网播平台及节目主创方之一，对电视节目进行再加工、再生产，加入互联网思维，使之更适配于互联网的播出形态和传播规律。"[①] 传统文化的核心价值，除了与现代价值并存于移动传播之外，还可作为现代媒介产品的内核，成为移动传媒产品的价值内核。

谈及传统文化的移动化生产，需要了解移动媒体的终端特性和文化表征模式。移动媒介与非移动的 PC（个人电脑）相比较，有其独特的终端特征，即重叙事，轻奇观。以手机终端来看，手机具有通讯、信息、娱乐等功能，是一种小屏幕的便携式、伴随性的终端。正是由于屏幕小、移动性、伴随性等技术特征，使其更适合叙事性作品，相反囿于手机终端技术的局限性，宏大场面、奇观特效在手机终端无法展现。另外，由于手机的伴随性，人们对手机的使用偏向碎片化的时间，在时间的间隙进行移动消费。基于移动终端的这些特性，笔者提出移动媒体时代的传统文化内容生产的几条策略。

一是陌生化内容生产与情境再造。21 世纪以来，信息产品多样化，受众审美更显多元，传播市场整体性态势被削弱。有研究者指出，广播电视注重"黄金时间"，移动消费行为共性的概念正在打破，信息消费更多基于"碎片时

---

① 《汉字英雄网络传播状况监测与分析简报》，http://www.cnad.com/html/Article/2013/0827/2013082710453825.shtml，2013 年 8 月 27 日。

间"。① 形成碎片化现象的原因很多，比如少数媒体垄断转为多种媒体并存、权威的坍塌与自我意识的崛起，丰富多样的信息内容成为可能。碎片化语态对传统文化会造成一定文化损耗，但是传统文化无法回避碎片化的现实。克里斯·安德森（Chris Anderson）的"长尾理论"认为，传统意义上的主流商品是一个坚硬的头部，而海量的、零散而无序的个性化需求则形成了一条长而细的尾巴。将长尾上的个性化需求累加起来，就会形成一个比主流商品还要大的市场。移动媒体中的碎片化是海量的，对传统文化来说，这也是一片传播蓝海。当然，我们不可能将所有传统文化碎片化，这需要辩证看待。我们要在保障意义完整的情况下将部分能够碎片化分割的内容进行转化生产，比如古代寓言故事、古代乐曲、唐诗宋词元曲、绘画等。

二是多元嵌入现代信息传播系统。有了碎片化的内容，如何汇入结构化的信息系统进行传播？人的消费行动并不是脱离社会结构、社会关系原子式进行的，而是嵌入于具体的、当下的社会结构之中的。嵌入形式主要有以下几种。①技术嵌入。围绕移动终端出现的技术是传统文化传播的新现象，将传统文化融入各种技术，实现移动传播的技术化发展。例如 App，它是智能手机的第三方应用软件，利用 App，以搭载移动互联网虚拟类文化信息传播。当下电视台及其所属机构、栏目、主持人等推出多种 App，常见的有央视新闻客户端、重庆电视台"辣椒圈"，东方卫视"哇啦"等，它们以互动性、社交性等新技术进入传播序列。②价值嵌入。"传统文化为适应时代语法，去除（或弱化）其意识、思想、观念等内涵，而化约为现代知识。"② 促使传统文化这场知识转向的重要推手便是娱乐，很多古代精神传播、价值理念如不加转化便编码到现代传播体系会显得呆滞、严肃。优秀的传统文化融入现代价值体系是一个热点问题，尤其在移动传播的碎片化语境中，传统文化的整体性价值更具挑战。③符号嵌入。在移动互联网设计中，以中国传统文化内涵为切入点，将传统文化视为符号组成的系统，把传统文化符号应用到节目构思、元素构成中，尤其重要的是运用到移动内容生产当中。

进一步分析移动媒介终端特性、消费方式，进而分析传统文化产品生产带

---

① 彭兰：《新媒体时代的三个关键词及其影响》，见王求主编：《移动互联时代的广播发展研究》，北京：中国广播电视出版社，2014 年，第 9 页。

② 晏青：《中国传统文化的媒介化生存：知识转换、国家认同与政治合法性》，《内蒙古社会科学》（汉文版）2014 年第 7 期。

来的契机。手机无缝覆盖人的时空，已全息化、结构性地再造人们接受信息的方式，它带来接受形态的碎片化、信息消费的娱乐化、关注焦点趋同化等信息消费方式的转变。消费方式转变，意味着产品形态需要由内而外更新编码方式。这就意味着，传统文化的移动化需要碎片化生存，以多元化产品形态，适应现代生活节奏；还需要嵌入性生存，"混搭"其他信息产品，以汇入整个信息结构。① 即用现代技术形式，将传统文化编码到现代信息系统。

三、消费驱动与文化数据获取

大数据时代是一个海量、开放、共享、交换充分的"数据社会"。移动传播中云计算将无处不在。在手机、平板电脑等移动设备的驱动下，数据市场需求将获得进一步增长。"利用数据资料开发应用，并且促进文化经济发展已经是不争的事实。文化经济越来越倚重由数据作为导向的管理。"② 大数据改变了文化传播的游戏规则，提炼出文化有效传播的时间、空间，③ 还改进了传统文化传播的评估范式。因此，它的"核心就是预测，它将为人类的生活创造前所未有的可量化的维度"④，将传统文化中那些含混不清、欲言又止的人文精神量化、可视化。传统文化的移动传播有两个节点或环节受大数据的作用，其一是用户规模与行为，其二是效果评估。

一是文化消费行为数据的分析。在移动互联网时代，用户不仅是所谓的媒体受众，"他们更可能是网络上的一种节点。他们最基本的属性是作为网络社会的一个成员"⑤。用户在移动互联网中成为持续生产数据的节点。互联网也积极尝试用新技术监测用户行为，例如语音交互识别入口、屏幕触控交互体验等，以符合用户体验、以用户为中心的理念打造出最优的信息传播平台。用户测量之所以重要，是因为移动设备对用户主体影响甚巨。移动性、便携性更容易聚

---

① 晏青：《去他者化：传统文化的传播偏误与规避反思》，《重庆邮电大学学报》（社会科学版）2014 年第 5 期。

② ［加拿大］林青：《大数据应用与文化发展趋势》，《江西社会科学》2014 年第 3 期。

③ 《大数据时代寻找新的文化传播路径》，《人民日报》，2014 年 8 月 21 日。

④ ［英］维克托·迈尔·舍恩伯格著，周涛译：《大数据时代》，杭州：浙江人民出版社，2012 年，第 16 页。

⑤ 彭兰：《新媒体时代的三个关键词及其影响》，见王求主编：《移动互联时代的广播发展研究》，北京：中国广播电视出版社，2014 年，第 9 页。

集碎片化的时间和注意力，促成全息化的媒介化生存，移动传播的随身便携性，能实现永恒的"交流的到场"。由于移动互联网对人现实生活的无缝记录，人的生活被大众媒介包裹，人类的媒介使用会留下大量踪迹，这些数据中隐藏着用户各方面的数据。比如穿戴设备可以全方位地记录人的衣食住行，这些日常生活的数据有助于分析出人的活动范围、性格特征、社会交往等。移动设备全方位地呈现各种状态、情境下的用户行为，同时重塑人的总体生活。

用户的传播行为和社会状态被广泛记录，并被提取、整合与分析。每一个文化产品的购买者、欣赏者、传播者都可以多渠道、多角度地接收、反馈、传播行为。在这些行为模式中，文化生产者可根据用户的性别、年龄、职业、阶层、收视习惯、消费习惯、关联行为等数据，定向制作符合受众品味的文化内容，改变原有的传播模式。通过对用户位置的感知、身份的管理、社交网络联系等的掌握，实现对用户接受传统文化产品行为的分析，并预测人的信息接收行为的个人云服务，从而实现大数据视角下的传统文化产品的效能评估。例如，通过对《舌尖上的中国2》微博用户的大数据分析得知，从年龄段来看，该节目的观众平均年龄24岁左右，多处于19～30岁的年龄区间。主要关注人群是"70后""80后"。从地域来看，微博提及率最高的是北京用户，占62.75%。同时受众观看此纪录片后的行为也能呈现。据"淘宝数据"，该纪录片开播后5天，584万多人上淘宝找零食特产，搜索次数达471万，有2 005万人浏览过相关美食页面，成交729余万件。还拉动了烹饪器具的销售，用于传统烹饪的蒸锅、砂锅等成交量涨幅最大，分别为70.86%和33.4%。① 《舌尖上的中国2》的成功，让我们看到在大数据分析下，用户营销的电视与电商相结合的契机。

二是文化传播效果评估带来文化传播的新引擎。传统媒体因终端特性、接受模式差异形成了各自产品的价值评估方式。发行量是纸质媒体的评估标杆；收视率是电视媒体价值评估的重要工具；播放量和用户量是网络视频评估的重要指标。移动终端因受网速、流量及屏幕尺寸等现实问题限制，传统的评估方式捉襟见肘。移动网络尝试探索新的评估方式，比如移动视频网络的收视行为调查，尝试网络爬虫技术、内容植码技术、网络嵌码技术等监测方式。

随着大数据技术发展，传统文化产品传播的效能评估路径得以拓宽。云计

---

① 《〈舌尖上的中国〉引爆老饕网购潮》，凤凰网，http://news.ifeng.com/gundong/detail_2012_06/01/14979458_0.shtml，2012年6月1日。

算技术能融合各方面数据，优化传统文化内容制作、存储、分发流程，提升数据处理能力，为内容生产和传播提供强大支撑，并通过统计数据节点感知层获取数据。由于大数据对整体性数据的挖掘，使得移动传播中的数据空前丰富，可以整合多方数据，比如报社、广播电视台等传统电视媒体，百度、新浪、腾讯等"数据硬件"单位，专业的传媒行业大数据监测单位（如泽传媒），通过整合用户的移动数据，形成一种"总体性资源"。传统文化传播状况将更为清晰，这些数据都将成为移动传播的重要依据。也正由于对数据的广泛占有，对人的最大化洞察，传统文化营销可能变成"多元化营销"，从而形成以快乐营销为核心、多元营销方法为手段的全方位的、非线性的覆盖、开放的模式。在云媒体集群平台中，真正实现立体、纵深、复合的生产平台与营销机制。在"传统文化—媒介编码—市场解码—当代文化"链条中，实现传统文化的现代转型。

所以说，移动传播是大众传播的未来形态，研究中国传统文化的移动化生存是传统文化现代传承的新课题。移动终端的叙事性、伴随性与全息性为传统文化传播带来了新的挑战，传统文化的内容生产与传播需要重启假设与编码方式。传统文化的移动化生存要走向碎片化生存，以多元化产品形态适应现代的移动化生活方式；以技术和符号等嵌入现代信息系统，"混搭"到其他信息产品，以汇入整个信息结构。同时在大数据技术下，有效分析移动传播体系下传统文化用户的身份管理、布置感知、接受行为与社会网络，以及以多种评估方式实现文化效果的有效评估。

第二章

移动的哲学：文化空间的后现代之途

新传播体系下的传统文化传承，不应该再次将其纳入习惯性的概念框架来论述，在手机媒介与日常生活无缝衔接的今天更加如此。移动传播是传统文化传播的又一次"风口"，在这阵风潮中一切都流动不居，碎片化、社交性、短视频、智能化等概念是对它的表征，也可能是"掘墓者"。

第一节　意义裂变：从"空间转换"
到"意义形式"

在媒介形态的演变史中，作为介质的现代技术与作为精神内核的时代精神合力促成了现代媒介文化，其中有时代的印记，更有技术的逻辑。截至 2017 年 12 月，我国网民中使用手机上网人群的占比达到 97.5%，以手机为中心的智能设备，成为"万物互联"的基础。① 移动传播成为依托于移动终端和移动互联网，实现信息实时共享与交换的一种传播行为与过程。它生产了新的社会情境和跨越物理空间、深度互动的语境，形成了新的文化传播范式。移动传播成为大众传播的未来形态。不同的媒介有不一样的时空实践，引发社会结构变化。因为当"在场的东西的直接作用正越来越被在时空中缺场的东西所取代，时间的压缩与空间的伸延，导致社会的不断重组"②。

亨利·列斐伏尔认为空间的表现形式多样，影响机制也似乎无远弗届。在他看来，"空间既是抽象的，又是具体的，既是均质性的又是断离的。它存在于新兴城市中，存在于绘画、雕塑和建筑中，也存在于知识中。它涉及广义的生产：社会关系的生产和某些关系的再生产。正是在这个意义上，空间变成了这种再生产的场所，包括都市的空间、娱乐的空间、所谓的教育的空间、日常生活的空间等等"③。在此逻辑下，我们考察移动传播的独特性发现它与基于 PC 端的传播最重要的差异在于其移动性，即空间实践。"移动通信设备可对多个地点的社会活动进行连接。这种移动通信不间断地改变了位置的参照性，交往的空间由通信流决定。"④ 这种随时随地的空间连接，导致空间整体性的不断消融

① 李静：《第 41 次〈中国互联网络发展状况统计报告〉发布》，《中国广播》2018 年第 3 期。

② 吴宁：《日常生活批判——列斐伏尔哲学思想研究》，北京：人民出版社，2007 年，第 332 页。

③ ［法］亨利·列斐伏尔著，李春译：《空间与政治》（第二版），上海：上海人民出版社，2015 年，第 33 页。

④ ［美］曼纽尔·卡斯特尔等著，傅玉辉等译：《移动通信与社会变迁：全球视角下的传播变革》，北京：清华大学出版社，2014 年，第 148 页。

又继而重组，空间中固有意义的弥散，使更加多元化的意义生产在新的空间形式中逐渐显现。这对当代文化的移动传播分析具有启发。因此，本节拟从碎片空间、互动空间与场景空间三个角度阐释移动传播下文化类节目的空间意义生产。

一、碎片空间的意义消弭与重组

碎片化是现代社会的一种表征。戴维·弗里斯比认为"外在世界变成我们内心世界的一部分。外在世界的实质成分又被化约为永不休止之流，而其飞逝、碎片化和矛盾的时刻都被吸纳进我们的内心生活"①。具有光晕的传统文化在移动传播体系中被打散，碎片化、矛盾化、多义聚合性地进入我们的精神世界。幸运的是，在齐美尔看来，我们生活中的一些碎片更能够把握总体性，"从存在的表面的任何一点——即使只是紧紧粘附在表层的那一点——人们都可以投下探针直到心灵深处，结果，生活的一切最平庸的外表，最后都与涉及到生活意义和生活方式的终极决定关联起来"②。"可能资本主义社会的空间追求的是理性，然而在实践中，它却被商业化、碎片化，并被一部分一部分地出售。由此，它是总体性的，同时又是零散性的。它显示出的逻辑，被不合理地分割了。"③

从接受层面来看，移动媒体中的整体空间的缝隙被发现，原有独立的整体性文化的空间意义也不断被打破和分割，意义生产和传播的"去中心化"和"碎片化"趋势愈加明显。碎片化的内容似乎突然成为一种最有"效率"的市场产品。2018 年在移动端出现的第一个风口就是直播类知识答题节目。这些节目与传统电视端的知识问答类节目诸如《中国诗词大会》《中国汉字听写大会》等有很大不同，它们可以快速聚集百万受众参与，答对相应的题目就可以平分巨额奖金。在直播间中不乏有关传统文化的答题板块。光明网与映客直播的"芝士超人"共同推出"魅力中国"传统文化专场，KK 直播的《金榜题名》也推出中华传统文化答题板块，今日头条旗下的"百万英雄"答题平台更是邀请

① ［英］戴维·弗里斯比著，卢晖临、周怡、李林艳译：《现代性的碎片：齐美尔、克拉考尔和本雅明作品中的现代性理论》，北京：商务印书馆，2013 年，第 62 页。
② ［英］戴维·弗里斯比著，卢晖临、周怡、李林艳译：《现代性的碎片：齐美尔、克拉考尔和本雅明作品中的现代性理论》，北京：商务印书馆，2013 年，第 77 页。
③ ［法］亨利·列斐伏尔著，李春译：《空间与政治》（第二版），上海：上海人民出版社，2015 年，第 42 页。

了《中国诗词大会》的点评嘉宾郦波教授作为古诗词板块的主播。这种利用传统文化直接攫取利益的行为，使得传统文化在资本和大众狂欢的双重裹挟下完成了碎片化的分割和"去意义化"的传播。因此，这种碎片化语态对传统文化会造成一定文化损耗，但是传统文化无法回避碎片化的境遇。我们只能尽可能地在追求意义完整的情况下将部分能够碎片化分割的内容进行转化生产。

碎片化传播体现在两个层面：第一个层面是事实性信息传播的碎片化，更多的是指信息来源的多元化、观察视角的分散化、信息文本的零散性和信息要素的不完整性；第二个层面是意见性信息传播的碎片化，意见变得更异质性、分裂性。过去媒体所反映出来的社会意见的一致性，在网络等新媒体平台上被大大削弱。新媒体平台上的意见形成，是各种碎片意见碰撞、冲突的过程。① 在2018年4月播出的《中国诗词大会》第三季总决赛中，一位来自杭州的"外卖小哥"雷海为战胜北大文学硕士彭敏，夺得了总冠军。紧接着关于此事件的各路报道铺天盖地。事件观察视角从比赛过程的实况、对两位对擂者的履历挖掘和对比及其赛后生活的跟进，扩展到对当今社会的知识焦虑以及传统文化的传承形式等相关探讨。基于这些碎片化的节目解读，受众也在微博等互动舆论场中持有不同的意见。一部分人对雷海为高度赞扬，认为他是时代的楷模；而另一部分人则认为背诗并不能改变生活，并无实际用处。不同的碎片意见相互冲突和修正，形成了众生喧哗的局面。

文化类电视节目在移动端上的播放基本呈现出一种阶段性叙事和片段化剪辑的特征。"终端应用上的时移点播、断点续播、节点提示等便捷播放方式颠覆了电视节目线性传播的架构。"② 从《中国诗词大会》《中国成语大会》等传播古典词句的节目，到《见字如面》《朗读者》等读书读信的节目，再到《国家宝藏》《传承者》等展示国家文物和传统技艺的节目，当它们通过手机播放时，往往会被分割成大量4~10分钟的短视频，其形态可能是一段花絮、一个笑点，甚至几个后台实录。用户可以根据需求和喜好随意选择片段化的内容观看。传统文化类节目在电视端播放的平均时长是一个小时，但是在手机端呈现时，就会依据节目中每一个闭合的叙事来剪辑成无数个片段。如在《见字如面》《朗读者》等节目中，在每集一个多小时的时间内，节目会呈现6篇信件、文章或

---

① 彭兰：《碎片化社会背景下的碎片化传播及其价值实现》，《今传媒》2011年第10期。

② 王慧敏：《基于移动终端应用的电视节目传播》，《中国广播电视学刊》2014年第2期。

者诗歌的诵读，平均每篇 10 分钟左右。尽管《朗读者》会给每期节目添加一个主题，但是每篇作品内容之间几乎没有太多关联性，可以独立成为一个叙事主体，完成一个闭合的内容呈现。这就为片段化的剪辑提供了操作性基础。在剪辑过程中，嘉宾之间出场的时间间隔，诵读现场与评论或者访谈现场的空间区隔都非常明显。不同的时空呈现就自然分出了不同的剪辑节点。由此形成了无数个易于传播的短小片段。此外，随着微博、快手、抖音等适合短视频生产的应用软件侵入生活，片段式的节目内容因此得到广泛传播，从而填补了碎片空间中的受众碎片化的观赏需求。例如《朗读者 2》中，青年演员张一山朗读卡勒德·胡赛尼的《追风筝的人》中的片段，时长仅 4 分 12 秒，观看量却在一周时间内就突破 702 万次。在这种碎片化的观赏审美下，2018 年初，央视又推出了每集只有 5 分钟的百集纪录片《如果国宝会说话》。该片将一个个"大国重器"浓缩在了 5 分钟的视频里，用精致短小的叙事方式讲述国宝鲜为人知的传奇。一个完整而宏大的文化意义也许不是受众的需求，但是这种碎片化的文化体验却能调动个人情感，实现受众个人化的意义生产。

文化类节目叙事和语言风格也随碎片化的外在传播形式有所改变。作为认知话语和传承话语的传统文化的移动传播，此时以轻松、快乐、感官等"软"形态，实现参与社会生产、传播社会主流价值观的"硬"价值。文化类节目普遍呈现出"演"和"秀"的成分，对于文化的解读逻辑和话语呈现也日渐多元化。2018 年现象级的历史文化类节目《国家宝藏》中，影视演员作为"国宝守护人"，通过娱乐化的场景编排和高科技的舞台效果来讲述文物背后的故事。演员自身的解读和想象占据主导，内容呈现和语言风格也偏向现代和活泼。除了演员明星的"秀"之外，一些文化类节目也开始主推素人的"秀"，比如湖南卫视推出的家风类文化节目《儿行千里》和北京卫视推出的传统文化展示真人秀《传承者》。由此，一些厚重的、束之高阁的文化得以融入大众文化的传播潮流中。移动媒介与 PC 相比较，有其独特的终端特征，即重叙事，轻奇观。因此，移动媒介正好适应了文化类节目当今阶段化的叙事风格和活泼的语言呈现。

在这个过程中，传统文化的部分意义宏大性和严肃性在碎片化空间中被消解，但是在碎片化内容和接受空间中，它转而成为一种更具个人体验性的意义承载方式，成就移动性、伴随性的意义生产方式，在消解中重新实现新的意义重组。

二、互动空间的意义杂音与协商

互动是新媒体区别于传统媒体的重要特征，并且在新媒体不同形态或版本更迭中，新近出现的新媒体更为注重互动。当然这在移动传播中表现得更为明显。正如麦克卢汉所说的，电子技术推动了交互性的发展，或者更确切地说，电子技术对互动性提出了更高的需求。①

"随着移动设备的日益增多，交互性更进一步许诺将把人从传播的物理限制中解放出来。史蒂芬·格拉汉姆将此称为'任何事情—任何地点—任何时间的梦想'，具体而言，即交互性能够确保在任何条件下，用户和机器之间都能保持通畅、无限制的交互活动。"② 生活在现代社会，手机已经成为人身体实践的一部分，随时随地能够保持联络似乎已经成为默认的社会准则。基欧希斯认为，交互性的体验也许不仅仅是技术系统的产物，它同样还可以与用户对这种交互的感觉以及他/她希望从其机器中产生的预期效果相关。③ 微信朋友圈作为手机端排名第一的社交应用服务，在信息传递和情感表达方面都丰富了交互性的实践意义。各种家庭群、同学群甚至购物群的组建都使得交互性成为用户使用体验中最强烈的情感期待。"迄今为止，交互性以'其善于制造类似人际交流的交互能力而著称'④。这暗示了一种将新媒介技术人格化的趋势，即将新媒介技术理解为真实世界里人与人交互的镜像。"⑤ 不仅如此，新媒体通过互动这一"基础设施"将流动、离散的用户连接起来。移动终端的便携性与灵活性使得传播的节点更加密集和细化，受众个体就可以作为一个节点的形式存在，并且实现多重复杂的网状连接。在微博、微信等各类移动社交应用中，每个受众都是自我表达的主体，也是意义生产的主体。他们在分享日常情感的同时，又游

---

① [英]尼古拉斯·盖恩、戴维·比尔著，刘君、周竞男译：《新媒介：关键概念》，上海：复旦大学出版社，2015 年，第 85 页。

② [英]尼古拉斯·盖恩、戴维·比尔著，刘君、周竞男译：《新媒介：关键概念》，上海：复旦大学出版社，2015 年，第 84 页。

③ [英]尼古拉斯·盖恩、戴维·比尔著，刘君、周竞男译：《新媒介：关键概念》，上海：复旦大学出版社，2015 年，第 89 页。

④ KIOUSIS S. Interactivity: a concept explication. New media & society, 2016, 4 (3): 355 – 383.

⑤ [英]尼古拉斯·盖恩、戴维·比尔著，刘君、周竞男译：《新媒介：关键概念》，上海：复旦大学出版社，2015 年，第 89 页。

走于自我编织的人际网络中。无数个这样的人际网相互交错，构成了庞大而错综复杂的网络化结构。因此，移动终端通过这种网络化结构，为"用户搭建了多项互动交流信息的平台与桥梁，其能够帮助用户接收或发出反馈信息，从而实现一对一、一对多、多对一、多对多等不同的互动模式"①。这种互动模式强调了受众的主体性地位，释放受众的话语权力，推动了受众主动参与内容再生产的热情。线性传播止步，多线接受与传播成为文化类节目传播的现代情景。在这个讨论、协调的互动过程中，受众原有的认知意义被不断修正和强化，从而促进了意义的巩固和扩散。

文化类节目的移动传播流程中，受众通过移动终端对节目内容进行各种拼贴重组，使得节目内容的意义得到不断拓展。具体而言，其互动可以分为两个部分：一是受众与节目的互动，二是受众之间的互动。

第一点是受众与节目的互动，主要集中在节目开设的社交媒体官方平台。2018 年初热播的《经典咏流传》节目，到该年 4 月 21 日为止，其官方微博粉丝数已经达到了 327 万，微博日均阅读数也都保持在 100 万以上，单条微博的最高点赞量、评论量、转发量分别可以达到 6 700 多次、2 700 多次和 1 万多次。受众通过在微博或微信公众号的留言、转发、评论等功能，可以实现与节目制作者的互动和反馈。这使得"单屏"的收视行为向"多屏"的互动模式转变，受众的意志也可以反映在节目之中，甚至可以直接构成节目的组成部分。例如《国家宝藏》节目最后要决出能够参加故宫 600 年特展的藏品，而最终的结果是由民众甄选的，受众可以通过微博、微信投票渠道参与其中，这使得鉴赏文物这个在精英圈层徘徊的文化活动变成了全民的文化盛宴，节目的内容和意义在互动中实现了重组和拓展。

第二点是受众之间的互动。一方面，在 AcFun（A 站），bilibili（B 站）等网站兴起的弹幕，如今也成为移动端必不可少的交互工具。"弹幕组成的弹幕池，可以营造一种氛围，虚拟受众同时在场的'狂欢'氛围。2016 年初《我在故宫修文物》横空出世，其实节目是在央视纪录片频道首播，播出后反响平平。但是在 B 站播出后，一夜之间红遍大江南北，在不到一个月的时间内，点击量一度超过 70 万。2016 年末，《我在故宫修文物》的电影上映，整个预告片就以第 1 条弹幕'叹为观止'、第 100 条弹幕'好看到炸裂，精致到跪'、第 1 000

---

① 黄楚新、彭韵佳：《我国移动传播的发展现状与趋势》，《新闻与写作》2017 年第 8 期。

条弹幕'泪流满面，简直词穷'、第 10 000 条弹幕"大国工匠"等弹幕内容作为转场方式。弹幕通过不断地制造交流、沟通以及获得权力的形式，让其使用者获得虚拟的媒介体验与享受。"① 另一方面，受众在豆瓣、知乎等社交 App 上，可以基于个人兴趣构建有关文化类节目的讨论小组。在作为弱联结的微博创建公共话题，在作为强联结的微信社群通过节目内容分享、公众号联结分享等进行个性化的互动传播。这个传播过程使节目本身的意义得到极大丰富，受众对节目的关注从内核到外延不断扩展，促进了文化节目内容的组合再生。再以《我在故宫修文物》这个文化节目为例，由微信平台的数据标题以及微博平台的数据正文为内容分词生成的词云图显示，"故宫""文物""修复"等关键词还是受众讨论的重点，但以此延伸出的"匠人""管理""版权"等讨论，就把文化节目的内涵扩展到了文化精神和文化管理等层面。

所以，文化类节目接受链可能会很长，可能是只在微博、微信中短暂的吐槽，也可能是一场话语狂欢，关于节目风格、场景高度、表情帝、主持人、文化本身等的讨论。这是一场"混乱"的大讨论。但是无论是受众与节目的互动还是受众之间的互动，都使得"作为每个'节点主体'的使用者成为典型的中介化存在，从而为社会创造了一种崭新的共在感"②。这种"共在感"有助于激发对于传统文化或者现代社会的集体想象，促进了文化节目的互动朝着更深入的方向发展。

三、场景空间的意义争夺与复调

空间场景及其可见性是社交媒体特别关注的生产对象。③ 在《即将到来的场景时代》一书中，罗伯特·斯考伯提出了五种技术力量：移动设备、社交媒体、大数据、传感器和定位系统，并预言了未来 25 年场景时代的来临。④ 相较于传统 PC 端的网络传播，移动时代的场景意义被进一步强化。"移动传播的本质是基于场景的服务，即对场景（情境）的感知及信息（服务）适配。因此，

---

① 刘楠：《弹幕文化："虚拟在场"的象征性抵抗与话语权错觉》，《长江文艺评论》2017 年第 6 期。

② 孙玮：《微信：中国人的"在世存有"》，《学术月刊》2015 年第 12 期。

③ 彭兰：《场景：移动时代媒体的新要素》，《新闻记者》2015 年第 3 期。

④ ［美］罗伯特·斯考伯、谢尔·伊斯雷尔著，赵乾坤、周宝曜译：《即将到来的场景时代》，北京：北京联合出版公司，2014 年，目录页。

场景成为了继内容、形式、社交之后媒体的另一种核心要素。"① 过去的文化节目主要集中于文化的观赏，要想传统文化保持永久的生命力，文化实践是不可缺少的。移动终端作为一个几乎随时随地在线的服务设备，为我们的文化体验提供了场景化的技术支持。

考察节目接受主体肉身所有的现实空间是一个多声部的探索。因为其移动性，所以场景空间的频繁更换，可能是在私密的卧室、喧嚣的商场，也可能在地铁，在飞机起飞的前一刻。这些具体的空间在移动中变得流动起来。从场景的空间关系来看，"移动媒体又分为固定场景和移动场景。但多数情况下，移动场景分析实际上是要分析与用户的移动轨迹相交的固定场景的使用"②。不过，这些空间因而变得复杂。"移动通信的扩散并没有消除空间，而是形成了一种在同一时间同时触及本地和全球的新空间，我们将这个概念称为流动空间。因此，无线通信没有使位置消亡，而是重新界定了位置的含义，将其视为个体所选择或需要联络的任何地点。……无所不在的连接性比移动性更能作为对空间重新进行定义的基本过程。位置从属于流动空间，并在位置空间中失去它们原有的含义。"③ 从宽泛意义上讲，此刻的空间也被媒介化了。

文化类节目的接受空间便囊括了以上的空间特质，可以分为固定场景和移动场景。电视最重要的固定空间是客厅。电视的客厅空间是日常场景，也是移动传播场景化应用的入口。例如，《中国谜语大会》《中国成语大会》在播出的过程中，观众可以直接扫描屏幕二维码或下载"央视悦动"App参与同步答题。《中国诗词大会》第三季也是通过下载央视影音客户端或者手机扫描节目官网上的二维码，实现实时答题和竞猜。在客厅这个固定场景中，用户进入虚拟空间能体验到和选手一样的答题紧张感和快感，这大大增进了观众的参与度，把观众由观看引向虚拟体验。在用户"个性化"和"场景多元化"的今天，"场景的适配可以是迎合性的，也可以是诱导性的。诱导性的适配意味着对人们自己尚未意识到的需求的挖掘"④。《朗读者》《见字如面》《信·中国》等文化类电视节目把"朗读"或是"吟诵"这种东方文明古国的珍贵文化体验又一次呈

① 彭兰：《场景：移动时代媒体的新要素》，《新闻记者》2015年第3期。
② 彭兰：《场景：移动时代媒体的新要素》，《新闻记者》2015年第3期。
③ ［美］曼纽尔·卡斯特尔等著，傅玉辉等译：《移动通信与社会变迁：全球视角下的传播变革》，北京：清华大学出版社，2014年，第148页。
④ 彭兰：《场景：移动时代媒体的新要素》，《新闻记者》2015年第3期。

现在人们眼前。这使得诵读走出课堂，在新时代再次回归了其全民性的本源，并在社会中再次引发诵读热潮。而移动传播的方式正是把"诵读"这种文化体验的方式深入到生活的主推者。

不同的接受场景还引向另一种杂糅性、多义性空间的产生。如果说，作为介质的媒体实实在在地抵达某一个空间，那么可以明确的是，这个空间的主导媒介业已形成。但当移动传播变得可"流动"，文化类电视作为一种传播传统文化价值的主流符号系统，在一定空间传播中遭遇移动媒介的"噪音"，其视听清晰度和价值抵达程度受到极大削弱。像《国家宝藏》《经典咏流传》等文化类节目，本是以传播、传承文化为出发点，但在移动传播时，由于传播空间的杂乱以及受众主体状态的不确定性，节目的文化价值有可能被湮灭在追星的狂欢中。不同的主体面向不同的媒介，不同的媒介影响不同的空间，多种声音共存，多种价值交融，在固定场景中生产多声部作品，在流动的场景中不同的声音和意义得以更民主化。

值得一提的是，在诵读类文化节目的热播后，随之而来的是在全国范围内如雨后春笋般出现的自助朗读亭，他们成为移动传播场景化应用的诱导性入口。通常朗读亭需要使用移动社交应用微信扫描二维码进行登录，选择相应的套餐体验，接着按照个人习惯搜索选择朗读素材，其中的内容涉及唐诗、宋史、元曲等经典国学和传统文化作品，以及时下的热点小说、散文等千余种。朗读的同时系统会自动录音，在朗读结束后，可以进行试听或者分享给微信好友、分享到朋友圈中。整个过程既是一次场景化体验，又是一次文化互动传播的开始。尤其是依靠分享机制，个体的表演欲望被无限激发，使得诵读活动在超人际传播下不断循环前进。另外，录音保存的公众号中还有专门的活动专区，用户还可以通过线上组织的朗读活动，增强参与感、丰富体验感。这种文化场景体验，通过对文化类节目中感知的实践，填充了场景中新的空间意义，深化和拓展了文化意义的传播效果。

所以说，不同媒介的兴衰对文化的传播方式和话语体系都有着深刻的影响。移动传播的移动性、伴随性等空间特性让文化类节目呈现新的空间实践方式。区别于传统的、僵化的、固定的客厅空间，移动传播空间的表现形式、影响机制无远弗届。因此，从碎片空间的意义消弭与重组、互动空间的意义杂音与协商、场景空间的意义争夺与复调等三种空间发现意义的不同生产机制，而这也正是文化类节目在移动传播空间转换中的意义生产之道。移动传播不仅变革了文化类节目的呈现方式、内容表达以及文化体验，并且在传播过程中与意义主体交融在一起，共同构成了文化的本体表达，建构了我们这一代独有的文化记忆。思考新媒体如何更好地传播和传承传统文化，成为当下我们需要思考的重要课题。

第二节　符码丛林：从"空间域"到"符号域"

移动传播是"基于移动媒体的传播，是通过各种移动平台，在用户之间、用户与网络之间进行信息交换的传播过程"①，它是目前最重要的传播形态。2014 年，我国手机端上网用户人数首次超过 PC 端②，智能手机成为网民接入互联网的最主要途径。截至 2018 年 12 月，我国手机网民规模达 8.17 亿，由手机接入互联网的比例高达 98.6%③，基于移动传播的现代传播格局已然形成。以手机、iPad 为主的移动传播媒介系统融合人际传播、大众传播诸优势，形成以移动性为内核，以碎片化、社交化、智能化、场景化等为辅的传播形态。移动媒体生产了新的社会情境和跨越物理空间、深度互动的语境，形成了新的文化传播范式。

新的文化表意媒介出现了新的符号、表征方式、意义生产及独特的运作机制。有学者指出，"文化是一个社会所有意义活动的总集合，符号学为文化研究的各种课题提供了基本的共同的方法论"④。移动传播方式为传统文化的现代传播提供新的符号规则。目前学界重点研究传统文化内容生产的策略、用户变迁、传播价值等方面，缺乏符号学层面的诠释。基于此，本节以符号学视角切入，研究传统文化移动传播过程中新的符号表意体系与意义生产规律。

---

① 邹军：《移动传播研究：概念澄清与核心议题》，《新闻大学》2014 年第 6 期。

② 中国互联网络信息中心：《第 34 次〈中国互联网络发展状况统计报告〉》，http://www.cnnic.net.cn/hlwfzyj/hlwxzbg/hlwtjbg/201407/t20140721_47437.htm，2014 年 7 月 21 日。

③ 中国互联网络信息中心：《第 43 次〈中国互联网络发展状况统计报告〉》，http://www.cnnic.net.cn/hlwfzyj/hlwxzbg/hlwtjbg/201902/t20190228_70645.htm，2019 年 2 月 28 日。

④ 赵毅衡：《符号学文化研究：现状与未来趋势》，《西南民族大学学报》（人文社科版）2009 年第 12 期。

一、作为符号体系的传统文化

卡西尔在《人论》中说："所有文化形式都是符号形式。"① 在以洛特曼为代表的莫斯科—塔图符号学派的观念里，"文化被看作符号系统，文化是人类的符号活动"②。照此逻辑，传统文化是一种符号形式或文化符号体系，并且正是这种独特的文化符号承载着中国文化生活，呈现全球化浪潮中的东方智慧。

笔者借鉴我国著名的历史学家庞朴提出的"物质—制度—精神"文化结构三层次说③，将传统文化符号分为三类：一是作为外层的物质文化符号，这类符号是携带着文化意义的器物，如壁画、碑刻等；二是作为中间层的制度文化符号，它强调文化的行为规则，如仪式程序、节日文化等；三是作为里层的精神文化符号，如书法、伦理等。在当代融媒体情境中，这三种文化符号呈现异于传统媒介的传播特征。

第一个特征是多模态，融文字、图像、音视频于一体，各种符号组合与集聚，形成传统文化"合一的表意单元"。多模态逐渐成为传统文化的当代表征的重要形式。"传统的主要通过语言表达意义的做法已逐渐被多种媒介共存的复合话语取代，多媒体化成为社会实践的常态，而多模态化也成为当今社会文化系统的固有特性。"④ 传统文化的符号组合方式形式多样，文字、声音、图像、音视频等符号被整合为一体的文本，囊括视觉、听觉、触觉等几大感官模态，它不但契合碎片化传播的需要，还在多符号协调的基础上了提升了传播效果。

第二个特征是短而精。书籍、报刊、电视的媒介话语中的传统文化符号往往以繁复的符号组合呈现博大精深之感，因关涉文化准确与权威，故而面面俱到，长篇大论的符号重合是为常态。这种现象在短视频的话语方式中不复存在，几秒到两分钟的符号生产有其独特机制，即以某种标出性的文化来指代总体性文化，以局部代总体。传统媒介追求线性时间向度的符号组合规律让位于非线性、空间向度的符号遴选机制。这种标出性、跨媒介的符号流动利于实现个性

---

① ［德］恩斯特·卡西尔著，甘阳译：《人论》，上海：上海译文出版社，1992 年，第 34 页。

② 郭鸿：《文化符号学评介——文化符号学的符号学分析》，《山东外语教学》2006 年第 3 期。

③ 庞朴：《文化的民族性与时代性》，北京：中国和平出版社，1988 年，第 37 − 38 页。

④ 李战子、陆丹云：《多模态符号学：理论基础，研究途径与发展前景》，《外语研究》2012 年第 2 期。

化传播，实现传统文化的当代生存创新。

第三个特征是视觉主导的接受范式，即"可见"替代"可读"。文字逻辑的传统媒介注重"可读性"，在一定逻辑格式塔中领悟传统文化。移动传播的短视频成为一种新传播形态，它的感官等级秩序的顶端是视频。尽管影视中也重"可见"，但这种"见"往往携带着深思、体悟与时间延宕，而短视频的"见"更多集中于见到，有"阅后即焚"之感。这种可见性在短视频中体现得淋漓尽致。由此我们便能更好理解移动传播中的三种符号为何更注重娱乐性、多感官、强互动、场景性，并呈现出新媒介独特的传播景观。

不过，话语流转中的传统文化的符号文本并非稳定不变。"因为文本的构成并不只取决于文本本身，还在于接收方式。"① "文本"是文化符号学的核心概念，文本是完整意义和完整功能的携带者，而"完整意义"和"完整功能"是以特定的文化语境为背景的。② 可见，在一定的语境之下只要能被接收者解读出意义，任何被赋予意义的客体都能成为文本。文本的组合关系受到接收者的影响。这尤其可以解释移动传播中伴随性、碎片化、即时性等传播特性是如何形塑无数文化文本在流动中的传播景观。

其中，聚合轴和组合轴之间的关系是符号文本的内在特征，传统文化的表意活动，必然在这个双轴关系中进行。传统文化作为符号文本存在两个向度，即组合轴和聚合轴的双轴运动。组合与聚合的概念首先由索绪尔提出，索绪尔将之称为"句段关系"和"联想关系"。"句段关系是现场的，它以两个或几个在现实的系列中出现的要素为基础。相反，联想关系却把不在场的要素联合成潜在的记忆系列。"③ 索绪尔对双轴的解释偏重心理学方向，赵毅衡认为"组合关系就是一些符号组合成有意义的文本的方式，聚合轴的组成即有可能代替被选中的成分的各种成分"④。受众对传统文化的显在意义的感知一般源自文本和一部分伴随文本，而理解聚合系列文本才能深刻领悟意义的内在意义。

传统文化的符号生产存在横纵双轴上滑动的现象，符号择取是历时性和共时性选择的结果。中国传统文化内容繁杂、浩如烟海，现代传承除选取经典的

---

① 赵毅衡：《符号学原理与推演》（修订本），南京：南京大学出版社，2016 年，第 43 页。
② 康澄：《文本——洛特曼文化符号学的核心概念》，《当代外国文学》2005 年第 4 期。
③ ［瑞士］费尔迪南·德·索绪尔著，高名凯译：《普通语言学教程》，北京：商务印书馆，1980 年，第 170 - 171 页。
④ 赵毅衡：《符号学原理与推演》（修订本），南京：南京大学出版社，2016 年，第 156 - 157 页。

文化符号外，也将现代文化符号融入其中。新旧符号组合成新的文化符号体系可谓是当下传统文化现代传播的新途径。在前现代社会，传统文化通过旧有的文化表征形式进行传播，其结果是传统文化只能在精英知识分子中流转。而移动媒介进入日常生活，传统文化符号在成为文化生产的重要资源的同时，也呈现了文化"民主化"的一面。中央电视台播出的《中国诗词大会》《国家宝藏》《见字如面》等文化类节目很好地体现了符号组合的新规则：从聚合轴来看，这类节目的舞台设计、题材设置、内容安排都选取经典的传统文化符号；从组合轴来看，传统文化符号不是孤立地存在，它还深度结合当代先进的科技或文化符号。不仅如此，从宽泛意义上讲，节目还融合综艺节目、真人秀节目中的娱乐化、故事化、社交化等元素。

　　进一步从符号文本的双轴操作来看，传统文化的符号传播存在从"窄幅"向"宽幅"转变的现象。传统文化从原来的由"窄幅"操作变为"宽幅"聚合形成的文化符号体系。在传统媒体时代，传统文化的生产与传播被主流媒体把持，传播的渠道多为报纸、广播和电视，内容严肃古板，属于"窄幅"操作时代。移动传播中的传统文化的文本生产、传播与接收变成"宽幅"操作，传统文化正逐渐因为新的符号组合规则而变为宽幅文化。由于参与聚合轴操作的主体多元化、聚合轴上可供选择的符号变多，符号组合形式多样化，大大拓宽了文本的聚合轴。相对来说，移动传播平台让传统文化的传播有了更多的选择余地，"宽幅"操作使传播的主体、风格、形式、平台、渠道等元素的组合有了更多可能，比如用户是受者也是传者，传播渠道转向更广阔的途径（即社交媒体、应用程序、社区论坛等），风格因受众群体、传播介质不同而变化多样。

　　所以，符号新组合规则不仅意味着符号形式（符号能指）的改变，文化符号蕴含的意义也（符号所指）随之变化。传统上的意义逻各斯被解构或重构。历史人物在网络游戏中被改写，比如增加了其他符号（如皮肤、武器装备、特技等），人物符号的所指内涵可能会被片面化甚至被颠覆。尤其是一些著名历史人物符号被"意化"，比如多款游戏中，曹操的进攻与防御能力很强，皮肤装扮成酷炫的统帅，成为青少年想象的偶像；游戏《王者荣耀》中刺客荆轲，被设置为身材曼妙的女刺客，性别错位、性格冷酷无情，与典故中的荆轲形象认知相去甚远。可见，传统文化由一个自足的价值场域，在移动传播的情境中变为富有生产性的"文本"，成为现代精神投射的符号棱镜。

二、延伸的"符号链"：伴随文本中的文化意义生产

"社交性"是移动传播的最显著特征。"社会化媒体为用户提供'可读、可写、可交互'的接触方式，从信息生产、信息接收以及传播过程彻底颠覆了传统媒体以传者为中心的线性模式，宣告个体化互动模式的来临。"① 强社交性和互动性是移动传播的重要表征，进一步促进传播者的权威性，内容的精英化、区隔化生产变成草根化、普泛化。便携灵活的移动媒介融入日常生活，"人与人之间依托移动网络建立了'永久的联系'，移动媒体的使用者拥有了前所未有的'永远在场感'"②。这种"永远在场感"是对基于电脑端互联网传播的一种突破。传统文化在这种社交逻辑中呈现新的话语潜能。比如，转发功能利于传统文化在短时间内实现大范围的裂变式传播；点赞量大小反映受众对内容的认可度；评论是基于原内容进行的意义延展，是一种话语实践。由于翻译、改编、衍生文本的聚合系文本，激活了电视媒体中的传统文化节目，"社交＋互动"的传播机制打破了意义空间的疆域，传统文化被重写、再生产，其意义和内容在无限的差异和延伸中扩散。

在新媒体传播情境中，传统文化的传播不能只依靠由不同形式和内容构建的文本，也要充分发挥伴随文本的作用。传统文化传播往往以超文本、超链接的形式携带大量新的文本信息，由此产生的大量文本称为伴随文本。有学者认为它作为文化产物的符号文本本身也"携带"着影响解释的因素：文本本身有意义，文本所携带的大量附加的，但在文本中经常看不到的因素，也在起作用，甚至可能起了比文本更大的作用。"符号文本都是文本与伴随文本的结合体。"③

伴随文本有前文本、链文本、副文本、元文本、型文本、先/后文本六种。伴随文本能助力传统文化传播：一是移动终端上的互动平台为伴随文本的生产和传播提供文本空间；二是用户或组织之间通过一对一、一对多、多对一等不同的互动模式形成复杂的人际传播网络，由符号构建的文本与伴随文本形成互

① 高丽华：《参与、互动、共享：社会化媒体环境下传播模式的重构》，《新闻界》2013年第16期。

② 邹军：《移动传播研究：概念澄清与核心议题》，《新闻大学》2014年第6期。

③ 赵毅衡：《论"伴随文本"——扩展"文本间性"的一种方式》，《文艺理论研究》2010年第2期。

文关系。在此，重点讨论传统文化的副文本、前文本、链文本的生产与流转。传统文化的移动传播及意义的生产、解释尤其依赖这三种伴随文本。

（一）副文本（para-text）实现传统文化意义的多元格局

副文本"是完全'显露'在文本表现层上的伴随因素，它们甚至比文本更醒目"①。副文本常常位于文本的周边，如电影的片头片尾、图书的作者、戏单、音视频的标题等。副文本作为一种显性伴随文本，影响着接收者对符号文本的接收和解释。副文本助推传统文化传播早已有之，并非只限于移动传播时代。一幅字画若是冠以书法大家之名，往往身价倍增；戏剧演出若没有让观众提前预览戏单或听到报幕，观众完全有可能将之错认为马戏团的杂耍表演。然而，传统文化的数字化生产与传播呈现出碎片化、具象化、多样态等特征，面对纷繁复杂、漂浮不定的泛文化符号，注意力有限的大众需要依靠除文本外的其他元素的显著标出性特征，以帮助自己认知和挑拣感兴趣的传统文化。因为脱离原初生存土壤，传统文化对大部分当代人是非常模糊甚至陌生的。相较之，移动传播时代，副文本助力传统文化在移动时空中实现更大范围的穿梭与流转，使之成为"热"传播，并且在受众对意义的锚定上，也确实发挥着更为"凸出"的作用。副文本对传统文化传播的"凸显"作用有：利于人们感知传统文化；直观点出传统文化的内容，为原文本提供理解框架，进而唤醒对传统文化的记忆。

2018 年，以抖音为代表的短视频平台成为中国传统文化表征的新场域，传统文化在此平台重新焕发出生机与活力。抖音短视频中的传统文化传播同样依赖显现的副文本。譬如，视频标题、内容介绍、点赞量、评论量、转发量等信息为受众的观看选择提供了依据，这一系列副文本与原文本形成的互文关系让传统文化获得更多关注和意义诠释。抖音用户也能借此快速捕获到传统文化的亮点和主题，形成直观的感知。反之，如果没有标题，用户很难一眼识别出抖音短视频中罕见的传统文化工艺品（如缂丝、盘纸）到底为何物。此外，传统文化的视频创作者也是显现在视频文本之外的副文本，创作者的专业性、知名度和个性化特征能在很大程度上提高传统文化的接受度。在抖音上，不少传统文化的创作者因粉丝量大而成为知名度颇高的"传统文化明星"。截至 2019 年

---

① 赵毅衡：《符号学原理与推演》（修订本），南京：南京大学出版社，2016 年，第 140 页。

6月初，京剧演员王梦婷在抖音平台的粉丝量超过了85万，成为戏曲类传统文化短视频的头部创作者之一，趣味十足、个性化和专业化的作品呈现方式让她的短视频得到了很多人的关注、点赞和转发，这凸显出"文化明星"的传播力量。总之，依赖副文本清晰的指引作用和意义解释潜能，各类传统文化在移动传播平台上实现裂变式传播，在流动的时空环境中得以外显，掀起难以忽视的传统文化热浪。

（二）前文本（pre-text）为传统文化接受提供价值预设

前文本关注的是先前的文本对当下文本生成产生的影响。广义的前文本包括这个文本产生之前的整个文化史。传统文化传播的前文本蕴意丰富，可以是整个传统文化，也可以是后人大量解读和创作的文本（如微博或微信中的自制内容、建群发起话题讨论、"@"好友等）、引用的其他话题（如捆绑热点话题、借用网络热词）等。故宫博物院的官方微博自制并发布一条有关故宫建筑的图文消息，某个"大V"转发成一条新的微博消息，这样，"大V"转发的微博是一个文本，这个文本由自己的心得体会和转发而来的原微博文本组成，转发时配发的评论内容是在原微博基础上进行的意义衍义，转发而来的原微博文本就是伴随文本中的前文本。网络热词和热点话题也常被用作前文本使用，比如抖音推出的"我为'非遗'打call""谁说国画不抖音"等挑战赛话题就充分借用网络热词消除与用户的距离感，引起用户兴趣。传统文化的传播不可忽视前文本的作用，它不仅为传统文化的互动与传播提供内容基础和依据，吸引受众的注意力，之前的文化史（广义前文本）还能为传统文化的生产提供富足的符号资源。同时，前文本是意义生产的引用素材，它能引导用户感受到文本与文本间的结构关系，文化语境可作用于接收者的意义压力。

（三）链文本（link-text）搭建传统文化接受的互动链

链文本"是接收者解释某文本时，主动或被动地与某些文本'链接'起来一同接收的其他文本，例如延伸文本、参考文本、注解说明、网络链接等"①。传统文化的互动除分享转发前文本外，还在互动中形成链文本，最常见的有友情链接、相似话题推荐、评论栏、跟帖。《国家宝藏》节目除在央视播出，还

---

① 赵毅衡：《符号学原理与推演》（修订本），南京：南京大学出版社，2016年，第145页。

在 B 站进行传播，除了满屏的弹幕生成了在线互动文本外，播放页面下的评论和回复便成为伴随文本中的链文本。

据笔者调查得知，在《国家宝藏》的传播流程中，引发网友讨论和回复最多的评论是由名叫"于三娘"（B 站上的个人认证信息是央视节目制作人、总导演）的 UP 主（UPloader，指在视频网站上上传视频的人）发起的。评论是一篇《开播手记》，回复量超过 750 条，讨论的内容涵盖文化源流与传承、匠人精神、文化自信、民族复兴等。除 B 站外，用户还在微信和微博等移动社交媒体进行评论；主打文艺评论的豆瓣生产的链文本形式有短评和剧评；主打知识问答的知乎在分享知识时的互动评论也非常活跃。得到回复或跟帖多的评论用户往往会"现身"跟其他用户进行互动，兴趣度高和认同感强的用户还会组建新的社群展开更密切的互动。链文本的生成和衍生是受众主动共同参与的结果，构筑出文化意义的共享空间。而且，根据符号衍义的规律，解释项会衍生出新的解释项。换言之，文本的意义边界会被打破，不断连接新的意义空间。比如于三娘在 B 站《国家宝藏》评论区发布准备制作第二季的信息后，用户对此进行点赞和跟帖讨论，还包括对节目制作的建议，建议涉及博物馆与国宝选择、嘉宾挑选、增加主持人、特效制作等。链文本是深层互动机制的主要支撑，依靠互动机制，受众不仅对文化节目本身的意义进行了多方位解读，而且将文化节目的内涵扩展到文化传承、文化自信、民族复兴等意义层面，这是一场大众"共写、共享、共欢"的文化意义大讨论。

值得注意的是，伴随文本在生成的同时还伴随着对原文本的反复改写，因媒介属性、文化风格、传播形式的差异而形成传统文化的意义矩阵。《我在故宫修文物》在央视首播后反响平平，但放在 B 站、地方电视台等平台作为传统文化节目（型文本）播出后，视频点击量和收藏量（副文本）、转发量（前文本）、评论区的互动量（链文本）、各种混剪或短视频 cut（先/后文本）激增，在 B 站引发的大讨论很快蔓延开来，这部文化纪录片最后峰回路转。这便是传统文化在伴随性文本中呈现的意义流动图景和价值融合。

三、流动的符号场景与文化沉浸

移动传播的空间实践机制核心在于移动性，移动在特定空间进行。空间因移动不断地消融和重组，空间转变为卡斯特尔所说的"流动空间"。实际上，

"流动空间"更多表现为碎片化的时空。卡斯特尔认为"移动通信的扩散并没有消除空间，而是形成了一种在同一时间同时触及本地和全球的新空间"①，这意味着空间将无处不在。空间的流动带来空间场景的切换和延伸，空间场景及其可见性是社交媒体特别关注的对象。② 甚至有学者认为，"移动传播的本质是基于场景的服务，即对场景（情景）的感知即信息（服务）适配。场景成为继内容、形式、社交之后的另一种核心要素。依托移动传播技术的更迭换代，场景的定义被改写，场景这一要素对传播的意义得以凸显。换句话说，移动互联时代争夺的是场景"③。语境一词也可形容此状况。所谓语境，就是符号的使用环境，有的符号学家称为"情景"。"关于决定符号意义的各种因素，语境可能是最重要的。"④ 由各类符号组合构成的场景，为传统文化移动传播提供了多元场景与情境。

其实，传统文化的传统生成场景与现代传播场景存在天然的矛盾。鲍德里亚认为现今的时代是超现实文化话语的时代，符号仿真是当代社会文化符号的总体性特征。在后现代文化思潮下，移动传播让符号生产潜力得到更进一步的解放，文化符号的快速增殖繁衍创造出了一个"仿真"或者说"超现实"的世界。由于移动媒介创设了全新的流动空间，"仿真"和"超现实"的世界充盈在无数的场景之中。

虽然传统文化的传统生成场景不复存在，但传统文化的某些核心元素尚未完全消失，或多或少被保留且融入人们的日常生活中，成为日常生产生活实践的一部分。比如，身着传统汉服出行的年轻人越来越多，B 站和抖音上兴起"汉服热"的讨论和分享，把流行于小圈子的汉服拉入大众视野；故宫出品的文创周边、彩妆等生活消费品在产品形式、包装和理念上都融入了传统文化元素。前面提到，抖音成为传统文化传播的新模式，借助短短 15 秒的视频，传统文化与短视频碰撞出新的火花。根据抖音联合字节跳动算数中心发布的《2018抖音大数据报告》，播放量最高的传统文化短视频类别依次是书画、传统工艺、

---

① ［美］曼纽尔·卡斯特尔等著，傅玉辉等译：《移动通信与社会变迁：全球视角下的传播变革》，北京：清华大学出版社，2014 年，第 148 页。
② 彭兰：《场景：移动时代媒体的新要素》，《新闻记者》2015 年第 3 期。
③ 彭兰：《场景：移动时代媒体的新要素》，《新闻记者》2015 年第 3 期。
④ 赵毅衡：《符号学原理与推演》（修订本），南京：南京大学出版社，2016 年，第 178 页。

戏曲、武术、民乐。① 其他传统文化短视频类别还有礼仪、诗词、国学、茶艺、服饰等。其中，不乏科普传统文化知识的小视频，如餐桌上的饮食礼仪、汉服穿法、诗词朗诵和经典作品解读等。传统文化元素融入随处可见的社会环境，体现在人们的日常生活和行为中。通过短视频这一表达出口，传统文化得以具象化、立体化、动态化展现，观看者能清晰地感知传统文化的美和精髓。抖音自带的社交基因属性，让生活化的传统文化有了更广阔的生存和展演空间，学习、交流、传播与共享传统文化亦成为当代网民的日常生活实践。

进一步看，信息科技打造的"符号化场景"打破现实场景桎梏，成为再现传统文化的可能途径。传统艺术的表演空间从实体场景（如戏曲舞台、工艺作坊、教室）延伸至短视频。传统文化有明显的高语境特征，如何降低大众文化接收的难度呢？抖音中的传统戏曲玩法可作为技术与文化互惠的例证。依托科技优势，抖音为用户营造出互动感和参与感强、趣味性高的文化体验。传统的戏曲表演的艺术门槛较高，普通人很难短时间学会戏曲的表演方法和脸谱画法，2018 年，抖音推出脸谱贴纸特效和戏曲妆容特效，吸引更多年轻人体验戏曲的魅力。以川剧变脸特技为例，用户在进行短视频拍摄时，只需做转头和用扇遮面等动作就可切换成其他颜色的脸谱，再配以多种唱腔的戏曲音乐，普通人也能在 15 秒内亲身体验到变脸的乐趣。《2018 抖音大数据报告》显示用贴纸变脸的相关视频播放量甚至高达 12 亿次。传统戏曲文化以新奇的玩法重回大众视野。科技提升人们对传统文化的认知体验，人们在"刷"视频时往往会沉浸其中，传统文化给人们带来的疏离感被技术消解。传统文化的再现伴随着观念的传递，可通过共享的文化符码，连接与之对应的文化内涵、文化自信、文化传承等意义。比如，在评论区的话语表达中，汉服不仅被夸赞为韵味十足的民族服饰，还被视为中华民族的象征、文化复兴的标志、国人的骄傲。文化符号成为一个触点和刺激点，通过隐喻和转喻的意义连接关系，文化与民族主义意识形态之间发生勾连并建立起意义关系。

传统文化与大众文化的场景之争，也是其传播的张力所在。在组合新旧文化符号和搭建可视化的场景空间中，传统文化被整合为形态各异的文化景观。依托文化场景，传统文化被直观形象地呈现，更深层次的文化内涵更容易被大

---

① 《抖音发布 2018 大数据报告 北京成 2018 年度"抖音之城"》，中国网科学，http://science. china. com. cn/2019 – 01/29/content_40656661. htm，2019 年 1 月 29 日。

众理解，实现"润物细无声"的传播效果。

电视传播时代，最典型的例子就是央视春晚，传统节日符号及其内涵是晚会的主元素，而科技符号、特效符号、主流文化、消费文化也被融入其中，使之形成传统文化集中展演的文化"奇观"。移动传播时代更是如此，借助视听符号，传统文化被整合为可被视觉直接捕获的文化景观。更为重要的是，虚拟景观的逼真度无出其右。场景着力重现旧时的传统生活面貌，还原的景观直接"再现"到人们眼前，给人们带来了震撼人心的文化接收体验。比如，手机游戏《我要当皇上》视觉制作精良，传统文化场景引人入胜，目的就是增强代入感，吸引玩家以"穿越"的方式回到古代世界体验新的人生；AI（人工智能）技术"复活"的兵马俑能够"开口说话"；央视文博节目《国家宝藏》中对文物前世今生的呈现和解码被置于精致逼真的舞台场景中，以文物为载体回望历史和诠释传统文化，唤醒中华民族根脉中的文化自信。

移动媒介技术也参与到文化传播中，如 App 将中国传统文化编码到软件设计之中。例如，2013 年以来，故宫博物院推出一系列主题 App，包括"皇帝的一天""清代皇帝服饰"等几十款应用程序。其中，"西窗烛"精选中国唐诗、宋词、古文，为用户提供一个品味中国诗词之美的文化空间；"卜石"通过 3D 影像技术和真人解说的方式逼真展现了玉石的形成、种类、雕刻工艺。这些 App 从软件形式设计到内容推送都选取富有浓郁中国风的传统文化符号，用户可在青花、水墨、"留白"等意境营造的空灵之美中领悟传统美学的精髓。于是，在场景迭变中发生这样一个转向，即由多重感官沉浸到文化体验沉浸的转向。沉浸是人们在欣赏艺术中的一种专注、沉迷、深陷其中的意识状态和心理体验。[①] 从媒介史角度来看，审美活动中的沉浸感是不同符号媒介和载体媒介共同作用下的结果。由于不同媒介生产实践的影响，个体在审美过程中沉浸感的深广度存在差异，由此形成不同的审美范式。在书面文化时代，如绘画、书法、文学、玉石等媒介为个体提供了一个"世界"使其陷入空间沉浸，人们沉浸的对象是精雕细琢的个体艺术作品抑或单一的文字符号，简约的、语言逻辑式的沉浸更容易产生静态、独立、深邃致远的审美体验。此时期的文化审美的经验是"静观"，"静观"审美最接近本雅明所说的传统艺术的"光韵"，中国美学中的"气象""神韵""意境"等词可以在一定程度上说明这种审美体验。

---

① 单小曦：《媒介与文学》，北京：商务印书馆，2015 年，第 150 页。

从机械复制时代到移动传播时代，传统文化借助机械印刷、电影、电视、互联网、手机等媒介得以大规模复制和传播，传统艺术品的原真性和独一无二性形成的光韵被消解殆尽，艺术作品的"膜拜价值"丧失。就如其他现代艺术一样，传统文化的接收方式多诉诸视觉和听觉两大感官，面对流动、转瞬即逝的文化表征形式（如影视、游戏、社交媒体），人们难以形成连续固定、静观、自由联想式的审美活动，伴随其间的是难以抑制的、即时的、兴奋的视听快感，从而形成"震惊"式的审美体验。

其中最具代表性的是手机游戏，它为用户提供全身心沉浸的场景空间。手机游戏成为人们日常生活的娱乐方式之一，部分手机游戏成为传统文化的传播载体，越来越多的国产游戏开始挖掘传统文化元素以提升游戏趣味性。以《王者荣耀》为例，它将游戏与传统文化进行深度结合，比如游戏中英雄人物的原型、台词、皮肤等的设计大多取材于历史故事和传统文化元素。2017年《王者荣耀》发布了英雄人物甄姬的一款"游园惊梦"的纪念皮肤，这款产品正是取材自昆曲《牡丹亭》中杜丽娘的装扮。游戏本身就是一种媒介形态，尤其是手游强调角色扮演、场景还原和社交互动。游戏中的空间是一个隔离自然世界的场景，玩家完全被人工制造的虚拟环境氛围所环绕，人的感知、意识浸在虚拟世界中，人必须遵循游戏世界的运作程序和生存法则，这是游戏给人带来的沉浸感。故宫博物院推出儿童类 iPad 版应用游戏《皇帝的一天》，以宫廷景观为游戏场景，小皇帝的行动为线索，向玩家介绍清朝皇帝一天的生活细节并传播故宫文化。用户在游戏设置的场景中进行角色扮演，通过亲身体验熟悉游戏中的传统文化元素，进入一种沉浸式的文化体验。

值得注意的是，"仪式化生存"是传统文化的现代特征。[①] 文化传播总是伴随仪式化场景来获取认可感。传统节日的节庆方式不断发生改变，传统意义上的节日仪式感被弱化，不过新媒介技术也营造出新的媒介仪式。春节期间，支付宝与春晚合作开发的集五福、微信推出的抢拜年红包活动成为过春节的新媒体仪式。传统春节中的"福"和"红包"这两个重要的文化符号成为打造新的媒介仪式场景的关键点。将传统春节的发红包文化、祈福文化与技术结合，融入互动社交和娱乐的元素，为大众营造出过春节的参与感和仪式感，自此，过

---

① 晏青：《神话：理解中国传统文化的媒介化生存》，北京：中国社会科学出版社，2015年，第89页。

年集五福和抢红包活动就成为新的年俗文化。2018 年春节期间，网易新闻推出一组除夕到大年初六一共七天的新春线上日历文物海报，大年初一推出的"隋青石头菩萨像"下说的话是"分享一个亲戚社交生存秘籍：保持微笑、您说得对、都可以"；初二是一只呆萌的汉代釉陶单身狗呐喊着："喂！单身汪们，本命年我们稳住，能赢"；初四推出长相圆润的唐侍女佣说的是"莫问假期有何沉淀，执手相看圆脸"。文物海报的设计敏锐地抓准了年轻人过年交谈的春节热门话题（如社交恐惧、单身、长胖等），一改往常严肃高冷的宣传口吻，借文物之口以"软贱萌"的方式道出年轻人的心声。

本节基于移动传播的移动性、社交性、互动性等衍生的新表意方式、意义生产、价值流转的符号规律，讨论传统文化的媒介逻辑自洽、话语重组方式，以及日常融入的符号学机制。作为符号学体系的传统文化传播具有多模态特征，繁复的符号能够在横纵双轴中实现逻辑自洽。传统文化在用户赋权、关系赋权等范式的传播区别于传统媒体，伴随性文本的大量出现使其呈现意义弥散、话语狂欢的传播图景。因"移动"而产生的"流动空间"，在符号多重改写中生成意义场景，成为移动传播时代传统文化传播的价值体验和文化消费模式。

移动传播让传统文化产生新的符号组合规则、意义生产格局，进而引发文化意义认知、生产关系等发生一系列转变。传统文化的移动化策略是当代传统主流媒体的"移动优先"战略的一个侧面。具体来说，文化内容的碎片化生产，采用多模态文本适配不同的传播平台和渠道；充分利用社交媒体的强互动属性，在伴随文本空间中进行文化的传播和意义分享，制造文化认同感；将文化符号深嵌到文化产品的应用设计中，同时搭建文化场景为用户提供沉浸式的文化体验，增强传统文化的传播效果。总之，传统文化的现代化生存摒弃传统的符号表征，在符号自由生产中融入移动化、场景化，并实现解码的多样化。未来传统文化的符号学研究将会进一步深化，比如在社交媒体（微博、微信、Facebook、Twitter 等）呈现的景观差异，及跨文化视域中的符号互动；在社交媒体的"人际—大众"逻辑中，传统文化日常扩散与融入的符号机制；在"媒介交往"与"文化交往"的关系赋权的文化范式中，日常生活实践的符号交换与机制。这些都是移动传播时代传统文化现代传承不可回避的议题。

第三节　记忆流动：从"空间赋值"到"社交嵌入"

　　社会表征理论（social representations theory）揭示，在特定时空背景下的社会成员所共享的观念、意象、社会知识和社会共识，是一种具有社会意义的符号或系统。春节、清明节、端午节、七夕节、中秋节等节日文化是当代人一种共享的符号，具有一套符号系统的文化节日，有其独特的文化表意机制。作为具有标出性的文化节点，节日在当代生活情境与媒介逻辑中形成新的意义场域。在大众传播时代，节日文化记忆空间和关系交往呈现新规律，尤其移动媒体时代的节日嵌入多重媒介的符号空间，为节日文化当代继承提供演练场。本节尝试检视在新旧两种媒介逻辑下节日文化是如何被生产和重塑的，以及由电视媒介的空间赋值到移动媒介的社交嵌入，存在怎样的文化生产方式结构的重构与更新。基于此，笔者综合运用两种研究方法，一是参与式观察，参与到各种节日现场，以在场的方式体验节日文化传播；二是深度访谈法，在春节、清明节期间对41个人进行访谈。在通过这两种途径获取数据的同时，结合空间理论和社交传播理论讨论中国传统节日的当代传播逻辑的转向。

一、媒介仪式：空间流转中的节日文化

　　空间是一个富有生产力的语义场，列斐伏尔"空间生产"、安东尼·吉登斯（A. Giddens）的"时空分化"、约翰·厄里（J. Oeri）的"消费空间"等解释了空间差异中的意义流转现象。传统社会中的仪式、庆典、展会等具象可观可感的沉浸文化体验模式，依托于"存在之维"的记忆之维。大众传播时代，文化不再局限于面对面交谈的在场之维，突破地理空间限制，在人际交往中承接记忆的生产和建构，进入戴维·哈维的"时空压缩"之境。所以我们发现，媒介空间中的主题筛选、议程设置、超链接的叙事模式等日常化机制，潜移默化地影响着传统节日的记忆模式。

　　节日的空间压缩体现为悬置或化约已有的文化记忆，将多种文化空间堆叠

在同一符号与物理空间，并在这种异质性空间中塑造节庆民俗。为实现传统文化记忆储存和经典传承，很多地方建立了以当地节日、历史人物、民俗为主题的公园，将传统节日中的文化人物、民风民俗、仪式场景进行空间再生产，以主题公园形式展览。比如，深圳的锦绣中华民俗村汇集全国各民族民俗风情、民族建筑，为便于传播，将它们缩小比例结构生成微缩实景，将"时间空间化"①，对节日实体进行容量压缩和搬移集中，形成主题公园。那达慕大会、泼水节等传统节日在主题公园中交互展演，以文化"拼贴"的形式搭建节日体验场景。根据公园的设计模式，形成戏剧化的文化展演场面，模仿并建构着节日文化记忆的轮廓。主题公园除了作为民俗集中展演地之外，还有祖国各地山水名胜古迹的微缩景。在文化地理学的理论视域中，空间的组织受到社会秩序的投射②，全园82个景点按照其位于祖国版图的位置进行摆置，"全园面积有如一幅巨大的中国地图"，成为中秋节、端午节群众闲暇之时的游览地，共筑文化记忆的发酵场。这种"后现代景观"的主题公园为大众的文化记忆想象提供平台，将文化符号对象进行设计、雕塑、表演，让观看更为"逼真"，实现"场所的叙述目的"③。公园游览成为一种强调场所的传统节日记忆呈现之域，依赖空间压缩，将模仿建造的地理建筑与传统文化进行嫁接，激活受众的文化记忆，融合地理场景和记忆意象，在虚构中实现肉身整体性抵达，并于符号繁复的空间景观中重新想象节日。

　　如果说主题公园的这种空间再造是基于现实逻辑的复制之举，那么媒介的空间生产更多是符号逻辑的拟像之途。例如，春晚作为春节新民俗具有仪式性。随着媒介在社会文化的功能凸显，媒介使用会产生"介质导向的仪式"（mediated ritual）。20世纪80年代凯瑞提出传播的仪式观（ritual view of communication），将传播的仪式表述为"建构并维系一个有秩序、有意义，能够用来支配和容纳人类行为的文化世界"④，传播仪式通过举行庆典或者集体活

---

① ［美］戴维·哈维著，阎嘉译：《后现代的状况：对文化变迁之缘起的探究》，北京：商务印书馆，2003年，第340页。

② ［美］爱德华·W. 苏贾著，王文斌译：《后现代地理学——重申批判社会理论中的空间》，北京：商务印书馆，2004年，第190页。

③ ［英］戴维·钱尼著，戴从容译：《文化转向：当代文化史概览》，南京：江苏人民出版社，2004年，第229页。

④ ［美］詹姆斯·W. 凯瑞著，丁未译：《作为文化的传播》，北京：华夏出版社，2005年，第9页。

动，唤起集体记忆，是社会整合的工具。① 1983 年，春晚开始进入人们春节记忆的"公共时间"生产序列，经过 30 多年的凝练成为全世界华人共度新年的文化记忆。除夕之夜北京时间八点，仪式在主持人的开场白中开始。在"媒介奇观"话语下，春晚开始书写着举国欢腾、国泰民安的集体文化记忆。春晚彰显社会主义价值观念的系列作品，一幕幕进入观众视线。歌舞、戏曲、小品等经过规律性展演，片段性地呈现在观众眼前，形成独特的晚会叙事模式。团结奋进、民族融合、爱国敬业等观念通过电视内容组织、节目编排和时间提示等媒介仪式重复，完成了传统春节的时间参考标准的转化，实现了中国春节这一节庆文化转变为公共领域的文化空间，实现传统节日文化记忆的一致性和连续性。

在这个过程中，传统节日记忆逐渐从地方空间（space of places）进入流动空间（space of flows）。根据曼纽尔·卡斯特尔的空间理论划分，可以将信息时代的空间分为地方空间和流动空间两类。地方空间中的"在场"文化记忆具有地理记忆纽带和历史记忆相融合的特点，可以给人带来文化熟悉感，通过熟悉的文化来抵消流动空间产生的未知忧虑，抵抗陌生化，从而进行意义锚定。传统的过节方式是在现实空间中发生的文化展演，节日主体受"在场"（presence）逻辑的支配，即文化行为的地域性活动。而媒介社会，通过对"缺场"（absence）的各种其他要素的孕育，日益把空间从地点分离了出来。从位置上看，远离了任何给定的面对面的互动情势，② 空间逐渐从地点中分离出来，即使缺乏面对面的互动情势，仍然可以在某种虚拟空间中共同在场。媒介作为一种进入到记忆的社会工具，总是以自我媒介框架在无形之中丰富传统节日内涵。电视媒介以独有的逻辑改写传统节日记忆模式，春节晚会、中秋晚会等记忆嵌入信息流，形成新的意义空间。尤其由于移动传播的普及，节日文化记忆进入信息多维传播空间，并且使在全球范围内的流转成为可能。这就在某种意义上形成哈布瓦赫式的社会的记忆框架，将传统文化置放其中，将其转变为一种生产要素，继而形成记忆空间转向。

这种空间转向，首先体现在公共空间转变为个体空间。20 世纪 80 年代的中国，电视是稀缺之物。据《中国广播电视年鉴》统计，1984 年，中国平均每百人拥有电视机不足 5 台。电视机的数量不能满足每个家庭的观看需求时，多个

---

① 隋岩：《媒介文化与传播》，北京：中国广播影视出版社，2015 年，第 109 – 110 页。

② ［英］安东尼·吉登斯著，田禾译：《现代性的后果》，南京：译林出版社，2011 年，第 16 页。

家庭就会聚集在一起共同观看春晚。在 20 世纪 60 年代出生的人的记忆中，最初的电视收看模式是集体行为。"我的邻居家首先买了电视，放到我们那个院子门口，我们全都坐了一排在门口，一块看。"大众的电视观看是在多人聚集的公共空间进行，大家共同分享着电视带来的娱乐和喜悦，几户人家甚至一个村，或者一个社区都会聚集在一起共同观看。这个阶段的观看属多人聚集的群体空间，在这个空间之中，大家一起欣赏着电视建构的画面奇观，共同参与春晚集体记忆的建构。直至 90 年代，大部分家庭都拥有电视，电视开始逐渐褪去神秘的外衣，成为每个家庭日常使用的媒介。电视图像尺寸的增加、清晰度的提高、交互式的选择、智能功能的覆盖，改变了电视媒介的传统功能，再加上智能手机的多功能化，让曾经在群体空间的观看模式转变为客厅、卧室空间观看模式，原本在公共空间的传统节日晚会因媒介技术的发展转变为一个个小空间里的独享，共织节日空间的意义之网。

其次，节日文化接受呈现散点式空间分布。在文化娱乐产品匮乏的年代，电视作为一种稀有的、新奇的仪式机器，受到观众普遍的欣赏和喜爱，是集体性的媒介选择。春晚以其包罗万象的晚会节目，吸引观众的注意力，处于大众关注度的"前景"焦点重要位置。就像人们所回忆的那样："很期待春晚，那时候互联网不发达，想听自己喜欢的歌曲和看到自己喜欢的歌手，都必须通过电视。"PC、iPad、智能手机等多媒介的广泛应用，让电视媒体的话语被去魅、去中心化，春晚在除夕夜的注意力逐渐被争夺和分散。春晚在家庭中获得的关注度由"前景"记忆变为"背景"记忆，不再居于观看的中心地位。当问及对电视春晚的专注程度，受访者普遍回答的是，在看春晚的同时，也在进行玩手机、打牌或与家人聊天等活动，看春晚成为一种伴随性行为。与电视屏幕上互动不多的春晚比较起来，手机上熟人朋友的互动更受欢迎，及时的信息、丰富的内容、便捷的搜索更能抓住青少年的注意力。观众地位也由呆滞收看的"沙发土豆"变成积极主动的"用户"，因此央视春晚逐渐由独占性的"前景"地位变成春节文化记忆的背景性存在。元宵晚会、中秋晚会也不例外。记忆的空间感差异也在媒介的规约之下呈现出显著差别。移动媒介的使用，使得大众脱离电视节目既定的线性时间安排，现实空间与符号空间、传统媒介空间与融媒介空间等空间交织混合起来。

最后，传统节日记忆的网状空间形成，且不断嵌入技术、制度与文化的变迁发展中，成为晚会记忆空间的争夺者。据中国互联网络信息中心发布的第 43

次《中国互联网络发展状况统计报告》数据，我国手机网民规模达 8.17 亿，网民使用手机上网比例达 98.6%。① 手机使用给晚会的虚拟环境、交互式的文化接受提供了可能，开拓了晚会的收视渠道，将电视点状的收视空间转变为网状收视空间。自我经验转向集约化的娱乐，转向从信息场域的连接中实现个人记忆存储。传统文化记忆时间和空间不断被媒介所生产、建构和重塑。空间的边界交融，私人空间和公共空间记忆、现实空间和网络空间记忆、工作时间和休闲时间记忆的边界逐渐模糊。它成为传统节日文化"记忆幕布"中强势的介入者，与传统媒体共同融合成为节日文化记忆。

尤其数字媒体直播将虚拟空间与现实空间距离拉近，将流动空间碎片集纳，实现了节日记忆空间的同步生成以及多重空间的共时呈现与体验。2019 年元宵节，故宫博物院推出"紫禁城上元之夜"活动，观看渠道包括央视、新浪微博、一直播、抖音短视频等。直播在某种意义上实现了虚拟的在场与缺席并置。该活动成为微博热门话题，成为超过 2 500 万人参与进来的一场盛大仪式。群众利用各种渠道，将观看的碎片空间进行填充，有的在社交媒体上积极分享赏后心得，还有转发没有抢到票无奈搞笑的"对不住格格、阿哥身份"表情图片，将元宵节的观赏氛围推向一个不光赏灯，还有赏"遗憾心情"的多元记忆。直播化、社交化、互动性的数字传播营造出虚拟沉浸式的文化感知空间，在已有的碎片叙事中增强主体的文化感受模式，由"离身"走向"具身"，营造无数微叙事，打破了现场空间的局限性，使机制化的符号空间摆脱时间、历史、传统束缚，将节日文化传播与其分布和再生的场域规则相结合。在"模拟—复现"中激活人们对传统节日的想象，在视觉、听觉、触觉中重塑经典与现代交杂的传统节日文化记忆。

而移动传播以交往逻辑推动文化传播，将节日文化仪式化、单向度的空间展演转变成泛日常化、生活化、无处不在的世俗性空间。武汉大学媒体发展研究中心联合字节跳动公司发布的《抖擞传统：短视频与传统文化研究报告》数据显示，截至 2019 年 5 月，抖音平台上传统文化相关短视频超过 6 500 万条，累计播放量超过 164 亿次，累计点赞量超过 44 亿次。报告总结抖音视频中的传统文化传播规律，提出短视频中的传统元素具有场景化和生活化的特点，突出

① 中国互联网络信息中心：《第 43 次〈中国互联网络发展状况统计报告〉》，http://www.cnnic.cn/hlwfzyj/hlwxzbg/hlwtjbg/201902/P020190228510533388308.pdf，2019 年 2 月 28 日。

传统元素在现代空间和社会场合的运用。[①] 尽管这种空间更多是符号性地穿插在多个现场，但这种流动性的空间能让节日成功调动人们的多种感官，更新了传统文化当代意义生产的机制，为节日意义生产提供了无限延展的可能。

二、社交嵌入：节日文化生产与传播的新形式

如果说空间抵达与占据是节日文化传播的 1.0 时代，那么社交连接与嵌入则使节日文化传播进入 2.0 时代。因传播介质的变化，节日文化流转逻辑也由空间占领与赋值转向社交连接与嵌入。社交嵌入似乎成为当代文化生产与传播的"基础配置"，甚至有学者认为，中国文化可以通过社交媒体的交往实践进入世界各国的"日常生活"。[②]

之所以会有这种转变，与世界交往逻辑、媒介交往逻辑与人性化逻辑有关。第一，从世界范围来看，现代文化实践逻辑发生整体性转变。从世界发展方式来看，用武力占领海外殖民地的空间占领范式已转向跨国公司、影视全球化的文化霸权范式。空间占领作为价值输入的途径被弱化，相反"社交连接"的作用越来越凸显，它关联着流量、注意力分配和共同体凝成。第二，社交连接是当下文化生产的新样态。新世纪以来，在线服务从提供网络通信渠道转变为交互式的网络社交工具。[③] 有学者认为，互动交流本身就是一种文化实践，是不同人在同一认知地图（mental map）上仪式化配置，共享或参与的表征体系。[④]根据第 43 次《中国互联网络发展状况统计报告》数据，截至 2018 年 12 月，我国网民规模达 8.29 亿，普及率达 59.6%，其中移动互联网用户 8.17 亿。报告指出，随着网络用户向移动端、社交媒体迁移，在微信、微博等社交应用的推动下，越来越多的正能量信息依托社交网络实现大众传播。[⑤] 可见，以"连接"

---

① 《抖擞传统：短视频与传统文化研究报告》，腾讯网，https://new. qq. com/omn/20190513/20190513A0KWME. html? pc，2019 年 5 月 13 日。

② 晏青：《中国文化全球传播的媒介逻辑与社交融入创新》，《南京社会科学》2019 年第 7 期。

③ CASTELLS M. Communication, power and counter-power in the network society. International journal of communication, 2007, 1 (1)：29.

④ GITELMAN L. Always already new: media, history and the data of culture. Mit Press, 2006.

⑤ 中国互联网络信息中心：《第 43 次〈中国互联网发展状况统计报告〉》，http://www. cnnic. net. cn/hlwfzyj/hlwxzbg/hlwtjbg/201902/t20190228_70645. htm，2019 年 2 月 28 日。

为重要语法的互联网成为社会发展的新形势。体现在文化传播领域，"互联网＋中华文明""互联网＋文化"成为中国文化发展的一个新业态、新趋势。① 第三，传播理念的人性化趋势使然，一对多的主导式传播形式式微，媒介赋权下的用户能够积极主动地生产、消费并传播内容，在日常关系中实现文化实践。世界范围文化逻辑的宏观变迁、传播流程的中观重构、介质微观逻辑是节日文化记忆生产呈现空间弥散和关系嵌入的背后因素所在。

社交连接与嵌入的传播特征表现为移动性、互动性、基于关系激活与场景调用，在一定程度上讲，是一种超越行政赋权、市场赋权和社会层级的新型赋权形式。这与传统社交形式差异显著，因为传统社会的社会交往呈现出以亲缘关系为核心的固定状态，这是一种稳定的、带有社会权威性质的交往模式，具有整体时间完整性，尤其地域性明显，主要"依赖于口头、誊写和混合的交流形式"②。而社交性以前所未有的力度嵌入文化传播过程，因信息流动表现出空间流动。社交媒体中的流动（flow）与电视视听的流动有许多不同，前者由个体流向集聚，后者则相反。社交媒体不但让网友可以书写自己的"时间流"和故事图谱，还能在高频率互动中，以交换逻辑实现节日文化的关系嵌入。

首先，从宏观层面看，社交互动成为节日实践的一种创新路径，具体表现在：一是节日期间，基于社交媒体的社交行为高密度、高频率地出现；二是社交元素进入节日文化内部，文化因社交得以彰显，社交将文化传播得更广。这样一来，社交行为即为文化行为，包括在社交网络中实现文化生产、文化消费和文化创新。

以2016年支付宝与央视春晚合作抢红包为例，数据显示，支付宝春晚第一轮"咻一咻"的互动次数超过700亿次。2018年春节期间，共有7.68亿人选择使用微信红包传递新年祝福；③ 从除夕到大年初五期间，QQ上共收发红包44.5亿个。④ 线上社交媒体兴盛，让过年的红包文化展开了另一番面貌，作为互联

---

① 戴宇：《"互联网＋"如何加文化》，求是网，http://www.bjqx.org.cn/qxweb/n226850c759.aspx，2015年3月13日。

② ［丹］克劳斯·布鲁恩·延森著，刘君译：《媒介融合：网络传播、大众传播和人际传播的三重维度》，上海：复旦大学出版社，2015年，第63页。

③ 搜狐科技：《2018微信春节数据报告》，搜狐网，http://www.sohu.com/a/223407664_262388，2018年5月8日。

④ 曹开放：《腾讯QQ春节期间共收发红包44.5亿个》，《民营经济报》，2018年2月23日第4版。

网"数字移民"的老年人也尝试通过微信拉家常。微信红包为春节文化引入新的内涵，"抢红包"不仅增强亲友之间的互动，还加强了感情联络，形成了一种稳定的趣味娱乐氛围。在微信群里，亲人朋友之间，老人小孩齐动手。红包在家庭内部的交流中，也许可以作为交流或话题开启的一种方式，[①] 社交媒介的个体记忆场域涌入社会聚集，微信红包让使用者自己积极主动地营造"抢红包"的情感体验。微信红包的流动过程，不再体现家庭中的威权之别、长幼之序，而是一种"礼尚往来"的互惠型礼物流动形式。礼物不是僵死的，而是有活力的符号[②]，微信红包的流动传播成为"礼物之灵"，推动身体感知的发展，新的春节数字交往成为节日交往的一种补充形式。

　　其次，从中观层面上看，社交媒体成为节日文化的一种连接不同空间主体的中介，更新或重造节日文化形式或流程。电视机、广播等传统媒介无法实现现实的人际交往，哪怕手机的电话功能也只能是一对一的交往模式，社交媒体却让不同的主体同时连接在一起。这种形式改变或重造了部分节日文化流程。比如，微信群对清明节参与的改变与重造。"为了今年的清明扫墓，我们家族特意建了一个微信大群，有 475 人，并且今年很特别，是我们整个家族祠堂建好后第一次挂亲。"访谈对象口中的"挂亲"，就是清明期间的祭祖。访谈对象面向笔者翻动家族微信群里的内容，群公告上还写着家族子孙群规，称每天都有上百条的聊天记录。清明扫墓，历来都是沉静而肃穆的现场怀念，通过挥手弯腰清除杂草、下蹲摆放贡品、跪拜磕头等身体行为，缅怀先人、弘扬孝道亲情，唤醒家族共同记忆，"重新确认家庭的统一感和连续感"[③]。如今，微信成为清明节的一个远程窗口，无法到场的亲人在视频中看到家族活动、祭拜仪式。微信群中具有家族记忆特征的实名书写，让人们在聊天中直接从名字符号判断长幼之序，且共同遵守群里的规则约定。另外，微信红包也能够改写文化行为，它突破传统长幼之间的单向传播秩序。发红包本是一项较传统的文化形式，是家中长辈给未成年晚辈的祝福。红包文化具有稳定的象征内涵和意义图景，经过赋值的意象原型地位厚重，属于一种相对稳定的情感表达。数字技术将红包

---

① 彭兰：《微信红包中的社会图景》，《山西大学学报》（哲学社会科学版）2017 年第 4 期。
② ［法］马塞尔·莫斯著，佘碧平译：《社会学与人类学》，上海：上海译文出版社，2014 年，第 188 页。
③ ［法］哈布瓦赫著，毕然、郭金华译：《论集体记忆》，上海：上海人民出版社，2002 年，第 113 页。

携入更广阔的媒介空间，借鉴传统红包的外观形式，微信红包将传统文化符号进行编码、激活和重组后嵌入交往空间。微信红包转变了传统文化的出场方式，在对传统的颜色、形状和公共社交中的共识符号进行符码组合后，生产出新的、由计算机算法控制数额分配的意象符号。

所以说，社交媒体成为节日文化实践的重要中介物，也因此产生基于身体的文化感知转向基于介质的文化想象。文化记忆开始在"微信群中的视频、照片"这一媒介的唤醒下编码，肉身隐去，媒介凸显，个人记忆转向向媒介寻求慰藉，身体感的文化体认转向媒介解码的隐喻，手指划过空中弧线点触手机屏幕，通过动作调整，在碎片时间间隙之中完成家族意象重组，视觉中完成"弯腰跪拜"礼仪程序，组建新的社会空间内涵和意义，实现文化记忆的集体共生。这种日常交往拓展了节日文化的记忆范畴，将传统节日元宵节的汤圆，端午节的粽子、龙舟，中秋节的月饼等文化符号征用进虚拟空间之中，延展记忆场域。媒体节日表情包、微信群的群体传播以"离身"方式进行"在场"的仪式记忆交流，重新建构传统节日意象，形塑身体行为规范。

再次，从微观层面上看，社交媒体的表达形式让文化传播更具人性化意味。用户可以根据自己的需要，在社交媒体中定制属于自己的私人表情包，将自己的头像照片嵌入现有的财神驾到、端午安康、中秋快乐等模板中，生成灵活多变、具有个人标签的动态图片，实现个人情绪的动态表达。动态图片通过个人艺术的加工，结合基于节日语境的模板，形成了以"我"为主体的情感表达符号，形成"在数字化生存的情况下，我就是我"[①] 的存在。表情包能在短时间内发送给亲朋好友，弥补了不能现场祝福的缺憾，实现表情符号"在场"的沟通表达。节日表情包成为一种携带文化意义的"在场"感知，是表情符号和文化结合产生意义场域的记忆载体。在这个场域之中，节日文化在表情包的传递之中实现个人与传统节日的记忆重组，将个体的情感节庆体验并入主流节日记忆之中，实现二者的交流和融合，扩展文化边界，形成新的记忆流动内涵。

由此可见，媒介化的传播互动将传统节日中的等级秩序进行脱冕，打乱传统文化自上而下的交往规则，破除宏大叙事的魔咒，解除身体在场的肉身桎梏，将媒介编织到价值的象征秩序。社交媒介在特有的技术支持上发展出特有的文

---

① ［美］尼葛洛庞蒂著，胡泳、范海燕译：《数字化生存》，海口：海南出版社，1996年，第192页。

化习惯，生产了新的生活形式和内容。节日在参与、分享、交流之中得到重复，共筑文化交流经验场，培养新习惯，在身体实践"习惯操演"中达到文化记忆之上的意义认同再生产，重新形成文化记忆规则自下而上的建构，在符号交流的挪用中完成节日文化循环。

三、从空间占领到社交嵌入：逻辑与辨析

目前，传统媒体和新媒体在不同的话语体系中，对节日文化传播操持着各自的逻辑。正如李红涛、黄顺铭所说的，新旧媒体的相互交织拓展了记忆实践的形态。① 尽管如此，当移动传媒越来越成为大多数人的选择之时，节日文化生产与传播的趋势日益明晰，即由空间占领转向社交嵌入。主流媒体通过抖音、快手、微博等平台或短视频等形式进行文化传播实践可以佐证这个转向。2019 年发布的《抖擞传统：短视频与传统文化研究报告》数据揭示，截至 2019 年 5 月初，抖音平台上传统文化相关短视频超过 6 500 万条，累计播放量超过 164 亿次。②

总的来讲，新旧两种媒体形态在节日文化传播上存在不同的逻辑，但这两种形态并非界线清晰，相反在内容、风格等方面是相互影响的。

传统媒体里的空间占领及其空间形态中的文化记忆，专注空间最大化的一体化的记忆传播与锚定。其中，"仪式化"尤其成为一项常规"套路"与思维。③ 传统节日具有独特的时间叙事和空间整合方式，但在大众传播话语体系中趋于模糊。大众媒介主导的记忆生产机制区别于历史书写、教育机构等传统的记忆生产机制，它是一种利用故事化、视觉化、碎片化、互动式的方式开展记忆承载的媒介机制。比如，声画兼备的电视创造和构建了社会集体文化记忆即时联系的新时代，在创造"公共时间"上发挥了重要的作用。④ 电视节目 24

---

① 李红涛、黄顺铭：《一个线上公祭空间的生成——南京大屠杀纪念与数字记忆的个案考察》，《新闻与传播研究》2017 年第 1 期。

② 《抖擞传统：短视频与传统文化研究报告》，腾讯网，https://new.qq.com/omn/20190513/20190513A0KWME.html? pc，2019 年 5 月 13 日。

③ 晏青：《神话：理解中国传统文化的媒介化生存》，北京：中国社会科学出版社，2015 年，第 89 页。

④ SCANNELL P. The historicality of central broadcasting institutions. A history of Swedish broadcasting. Communicative ethos，genres and institutional change. Gothenburg：Nordicom，2014：356.

小时滚动式播放的差异化叙事重构了节日的时间线索，而社交媒体又让节日成为流动在人际关系"话轮"中的"谈资"。尤其当代传播平台的报（台）、网、端、微一体化联动趋于成熟，客户端及微博、微信等平台与传统媒体平台有机联动，形成了传统节日矩阵式传播体系。

移动媒体通过高密度和高频率的互动实现关系嵌入编码与解码的文化意义生产，以娱乐、个性化的记忆底色融入社交媒体。社交媒体为节日文化想象方式带来颠覆式变革。社交媒体不但让网友可以书写自己的"时间流"和故事图谱，还可以依据自身的理解重置传统机制中早已形成的节日记忆语料库。Twitter、Facebook、微博、微信等社交媒体的归档（archive）功能创造了一种足以支撑新的印象身份与表达的范式，将自我身份建构的个人记忆延伸至公共领域，以时间轴和日志结构形式塑造特殊的参与感和生成内容的记忆模式，增加链接和评论功能，存档节日交流痕迹。社会沟通方式发生变化，媒介参与感越发充盈。

不管由空间抵达转向空间弥散，还是由空间占领转向社交嵌入，它们的互补式存在意味着节日文化实践的主体的多元、诉求的复杂性，这其中新媒体的关系逻辑成为削弱甚至瓦解传统媒体的空间优势的最大因素。霍布斯鲍姆认为，传统发明频繁出现的原因是社会的迅速转型削弱或摧毁了那些与"旧"传统相适宜的社会模式，并产生了旧传统已不再能适应的新社会模式。照此逻辑，电视固然能够快速捕捉人类想象力，影响大众的文化理解和共享传播，观念能够较快速地融入日常生活的时空结构。但是在移动传播时代，中央电视台播出的春晚在空间上的占领，已无法继续成为春节记忆生产的单一策略与"决胜之本"，相反，在社交媒体里嵌入节日话语，在人际交往中实现文化传播、记忆生产及沉淀，成为节日记忆生产的新面向。

之所以社交话语成为一种趋势，因为它在节日文化传播上体现出独特的优势。第一，社交嵌入转向有利于节日文化进入人们的日常生活实践。传统媒体的节日文化传播的空间占领的优势随着媒介普及率已达到峰值而被削弱，其话语模式更多是一种自上而下，在当代传播体系中不占优势。移动传播让节日文化真正进入老百姓的喜怒哀乐与琐碎的日常生活，这样一来，有利于实现传统文化传播的上下联动格局的形成：一方面主流媒体进行文化的议程设置，另一方面社交媒体用户在权力赋能中发挥主观能动性，进行文化创新。第二，社交嵌入伴随一套传播话语的嵌入让节日文化更具现实感。场景化、动态化、娱乐化等话语方式，使文化成为可体验、可触摸、可对话、可亲近的对象，能够实现传统文化的祛魅，也有利于实现节日文化由"静观美学"到"动态美学"的转变；在跨媒介实践中，融合多种艺术元素，创造新的艺术体验；结合技术和运营手段，激发大众之间的互动。目前，在 1 372 项国家级非遗项目中，短视频 App 快手上的非遗项目多达 989 项。2018 年，在快手 App 上累计出现 1 164 万条非遗视频内容，共 250 亿次播放量和 5 亿次点赞量，平均每 3 秒就有 1 条非遗视频产生并被传播。

总之，大众传播体系衍生出一套区别于传统文化书写的媒介机制，并呈现独特的价值逻辑与功能特征。从电视传播到移动传播，传统节日文化的生产逻辑从"空间赋值"向"关系嵌入"转变：前者重在对不同形态空间的占领，在空间整合中实现记忆的集约化传播与总体性图式；后者注重将关系嵌入话语流转，在关系搭建中实现娱乐、赋权与记忆的个体化景观。作为"高维媒介"的移动媒介，其空间流转有利于媒介仪式的生成，并在符号传播中促进交往实践。尤其在社交媒体时代，人际沟通方式发生转变，用户利用数字媒介低损耗的特点进行存档、注解和"阅后即焚"，改写了传统节日的文化机制，拓宽了生产边界，从而重描了传统节日文化的媒介模式。

但同时也要对社交嵌入给节日文化带来的弊端保持警惕。过度依赖基于媒介的社交可能导致节日文化成为一种无现实依附的符号体系，弱化节日文化之于现实交往的功能，甚至可能造成部分节日文化的碎片化。这样一来，文化的现实解释、价值生产等文化涵化功能会被弱化。所以说，因为社会交往的媒介逻辑发生变化，传统节日在媒介社会中的生产仍是动态过程，如果脱离了自上而下的国家话语的引导，传统节日文化可能会成为走向狂欢的虚无。因此，应从国家价值引导、个体体验、知觉经验等多元诉求中进一步阐释传统节日，最终达到多维度文化记忆空间再生产的实现。而记忆书写的载体、方式和风格的多元，将会成为多媒介、融媒体时代的常态。尤其随着 MR（混合现实）、AI 等技术的主流化，将会又一次打破现有的节日文化秩序，进一步拓宽其现代性记忆的生产边界，影响文化规则和制度，重描传统节日文化的媒介模式。

第三章

全球传播：中国文化的全球扩散与融入

文化适应理论可以解释中国文化全球传播问题。所谓文化适应（acculturation），是指拥有不同文化的群体发生持续接触后，引起其中一个或两个群体文化变化后的现象集合。第一种是主动适应，又称为"行为转换"[1] 或者"社会技巧获取"[2]；第二种遇到的困惑、压力和文化冲突较大，个体经历"文化冲击"或"适应性压力"[3]；第三种情况，当文化变迁超出个体承受的程

---

① BERRY J W. Acculturation as varieties of adaptation//PADILLA A（ed.）. Acculturation: theory, models and some new findings. Boulder: Westview Press, 1980, 9 – 25.

② FURNHAM A, BOCHNER S. Culture shock: psychological reactions to unfamiliar environments. London: Methuen, 1986.

③ BERRY J W, KIM U, MINDE T, et al. Comparative studies of acculturate stress. International migration review, 1987, 21: 491 – 511.

度和能力，导致个人出现抑郁、焦虑等心理不适时，个体会出现"心理疾病"①。中国文化全球传播从来不只是文化的事情，相反是综合因素共同促成的，包括经济水平、军事实力，以及海外对中国文化的认知结构。

传播的社会效果研究认为信息动机与态度生产、态度变化的独特机制相联系。② 劝服研究的双模式——启发式/系统模式（heuristic/systematic model）③ 和尽可能详尽模式（the elaboration likelihood model）④，它们的中心内涵是，态度变化的决定因素和过程取决于人们处理问题相关信息的动机和能力。人们思考的次数越多，便会越仔细处理已呈现的相关信息，并受其影响。人们越多被某些信息激活，态度就越被该信息中蕴含的议题指涉（issue-relevant）的想法决定。⑤ 在说服语境中，与议题相关的细节通常涉及各种信息，然后针对这些信息仔细研究、作出推论、产生新的论点，并对态度对象的优点得出新的结论。这种说服范式揭示，强有力的、有说服力的论点通常是与高价值相关联的。⑥ 所以说，这也是本章要思考的，具有重要作用的传播如何影响并助推中国文化走向全球。

① JAYASURIYA L, SANG D, FIELDING A. Ethnicity, immigration and mental illness: a critical review of Australian research. Canberra: Bureau of Immigration Research, 1992.

② WOOD W. Attitude change: persuasion and social influence. Annual review of psychology, 2000, 51 (1): 539 – 570.

③ CHAIKEN S, GINER-SOROLLA R, CHEN S. Beyond accuracy: defense and impression motives in heuristic and systematic information processing//GOLLWITZER P M, BARGH J A (eds.). The psychology of action: linking cognition and motivation to behavior. Guilford Press, 1996: 553 – 578.

④ PETTY R E, WEGENER D T. Attitude change: multiple roles for persuasion variables// GILBERT D T, FISKE S T, LINDZEY G (eds.). The handbook of social psychology. McGraw-Hill, 1998, 1: 323 – 390.

⑤ PETTY R E, CACIOPPO J, HEESACKER M. The use of rhetorical questions in persuasion: a cognitive response analysis. Journal of personality and social psychology, 1981, 40: 432 – 440.

⑥ EAGLY A H, CHAIKEN S. The psychology of attitudes. Orlando, FL: Harcourt Brace Jovano-vich, 1993.

第一节　文化全球传播的媒介逻辑

20 世纪 90 年代以来全球范围内互联网和新媒体技术普遍运用，跨文化传播从电子时代过渡到"数字时代"。跨文化传播，作为全球社会不同文化之间社会关系与社会交往的活动，涉及来自不同语境个体或群体进行的传播、符号交换、意义共享。① 在这个过程中，不同文化在接受外来文化的同时，创造出具有自身范式的新文化，我们称之为文化融合。② 中国传统文化与不同文化的现代互动，与多种文化进行文化认同与意义共享，实际是一场文化融合的过程，并最终实现一定程度的自洽。

一、文化焦虑与传播偏向

我国当前传统文化融合面临的系列问题，其症结在于，"文化总量"与"文化转化"脱节，"文化传播"与"文化认知"脱节。《人民日报》刊文指出，关于中国的文化与发展曾有"三问"：一是梁启超之问，郑和下西洋是"有史来最光焰之时代"，为何"郑和之后，竟无第二之郑和"？二是李约瑟之问，为什么近现代科技与工业文明，没有诞生于当时世界科技与经济最发达的中国？三是黄炎培之谈，中国如何跳出"其兴勃焉，其亡也忽焉"的周期？③ 这三个问题，虽指向经济、文化、政治的不同维度，但皆是反思中国何去何从、中国文化与价值的现代探索的时代话题。传统价值被推倒，新的价值还未有效建立已成为社会共识。中国传统社会生活中的美学、伦理和想象，已然在大众的显性层面被弱化。但很显然，我们无法弃之不顾。20 世纪 80 年代以来，在新现代化理论主张的影响下，西方学术界认识到，破坏传统不仅未必意味着现代

---

① 孙英春：《跨文化传播学》，北京：北京大学出版社，2015 年，第 14 页。
② 金观涛、刘青峰：《中国现代思想的起源：超稳定结构与中国政治文化的演变》，北京：法律出版社，2013 年，第 191 页。
③ 任仲平：《凝聚当代中国的价值公约数》，《人民日报》，2015 年 4 月 20 日第 2 版。

性的必然实现，甚至会损害到现代化的过程本身。丹尼尔·贝尔指出，"传统在保障文化的生命力方面是不可缺少的，它使记忆连贯，告诉人们先人们是如何处理同样的生存困境的"①。近四十年来，中国传统文化受到重视，其当代融合已有大量的研究，比如，张岱的"综合创新"、李泽厚的"西体中用"、傅伟勋的中国本位的中西互为体用、朱贻的"'原''源'整合"、方克立的"马魂、中用、西用"、李翔海的"超越传统切入现代"、成中英的"中西互释"等方案。以上方案，为本议题进一步研究打下哲学基础和理论视域。

在世界文化发展进程中，文化融合是一个普遍的现象，基督教扩张、少数民族汉化、城市化等都会引起文化融合。如今讨论中国文化主体性，这种主体性也是先在的，是在与他者的对话中建构而成的。中国文化融合有外向型和内向型两种，外向型是指中国文化"走出去"与外国文化发生碰撞乃至被转化的现象，比如12世纪的朱子学与16世纪的阳明学，东传朝鲜（韩国）与日本之后，与当地文化互动交流、容纳互摄等过程，发生"韩国化""日本化"等现象，出现具有朝鲜、日本特色的东亚儒学。② 关于外国文化"走进来"的内向型融合现象，中国历史上就有过几次大规模的文化融合，第一次是魏晋南北朝时期，少数民族大量迁入，佛教传入；第二次是晚清，在西方工业文明的坚船利炮和廉价商品冲击下，西方文化涌入中国社会。③ 就中国接受外来文化的机制而言，两次都是对葛兆光所说的"道德价值一元论"④ 的消解，尤其第二次的融合同时还消解了国人心中的中国中心论、文明中心论等盲目自大的心态，⑤这次融合开始开启民智，并引发近代中国历史的救亡图存的启蒙与救亡运动。中国的第三次文化融合始于改革开放，一直持续至今。此次融合前半段主要是在政治、经济驱动下实现，以政治、经济改革为主要诉求引发的文化融合；后半段的融合主要是跨国公司、影视、商品等发挥越来越重要的作用，尤其是互联网把世界连接起来，文化融合的方式多样、速度极快。

---

① ［美］丹尼尔·贝尔著，赵一凡、蒲隆、任晓晋译：《资本主义文化矛盾》，北京：生活·读书·新知三联书店，1989年，第24页。

② 吴震：《从西学"中国化"看中国传统文化的当代意义》，《哲学分析》2018年第2期。

③ 金观涛、刘青峰：《中国现代思想的起源：超稳定结构与中国政治文化的演变》，北京：法律出版社，2013年，第42页。

④ "道德价值一元论"，是孔子在文化上惊人的创造。"克己复礼为仁"，"礼"指社会制度和行为规范，孔子将它的实现等同于道德价值的"仁"，把传统制度规范转化为一种道德价值。在这种文化里，社会制度和道德目标始终是合一的。

⑤ 葛兆光：《宅兹中国》，北京：中华书局，2011年，第12页。

近代以来，中国传统文化融合要面对很多挑战。在全球化背景下，民族文化、民族意识的悬置与漂浮引起各国政府重视。德国学者贝克认为全球化引发解民族化和解疆域化两大趋势。① 此期间也存在"西方化"与"中国化"的双重转向。除了中国传统文化开始发生"西学化"的急速转向，还在于西方外来文化为适应中国本土需求，也发生了"本土化"（中国化）的转向。② 新时期以来，我国历届政府都关注文化发展与价值重构。文化已成为国家整体构架的重要构件，也是中国民族精神的重要维度。

关于西方世界对中国文化的观察，美国历史学家柯文在《在中国发现历史》一书中批评了"冲击—反应"模式、"传统—近代"模式和帝国主义模式等三种思想框架，在此基础上，柯文认为要立足中国讨论中国文化问题，这样才更真实地贴近历史的本来面目。③ 这也启示我们应立足于中国来看待中国的传统文化建设。固然要有"中西"视角，但是，基于中国经验、中国方案下的文化发展需要更多立足于中国现实的思考。当代文化发展呈现交融化特征，表现在文化与经济、政治、社会的相互渗透，相互支撑，走向融合。④ 优秀传统文化成为中国治国理念思想的重要来源。尤其近年来，国家主席习近平多次强调中华传统文化的历史影响和重要意义，赋予其新的时代内涵。

并非只有中国如此，世界各国也面临类似的问题。各国从国家层面管理文化建设并规制本土文化参与全球化进程，强化一种应对全球社会变迁的"本土意识形态"⑤。从马克斯·韦伯到塞缪尔·亨廷顿，都重视文化价值观对社会有持久的影响。在政治、制度层面上，比如有德国的纯净德语运动，"欧洲中心主义"（eurocentrism）的坚持，法国强调"文化例外"（cultural exception），俄罗斯倡导的"俄罗斯精神"（Russian spirit），南非主张的"非洲复兴"（African reconstruction），新加坡、马来西亚等国呼吁的"亚洲价值观"（Asian values）等。美国国家艺术基金会报告认为，传统文化对一个国家GDP（国内生产总值）、就业、外交的强大引擎作用一直被低估。⑥ 持类似观点的还有欧洲国家，

---

① ［德］贝克著，孙治本译：《全球化危机》，台北：商务印书馆，1999年，第91页。

② 吴震：《从西学"中国化"看中国传统文化的当代意义》，《哲学分析》2018年第2期。

③ ［美］柯文著，林同奇译：《在中国发现历史》，北京：社会科学文献出版社，2017年。

④ 丰子义：《当代文化发展的新特征》，《北京大学学报》（哲学社会科学版）2018年第2期。

⑤ 潘一禾：《国家文化安全的"非传统"研究》，《文化艺术研究》2011年第2期。

⑥ 《美国国家艺术基金会报告：文化艺术的引擎作用被低估》，《文化报》，2015年1月19日。

欧洲遗产被认为在经济发展和凝聚社会等方面的价值被低估，① 政府发起"欧洲新故事宣言"，称文化遗产为欧洲公民提供了一种归属感。

具体到文化传统现代转型的方案或策略，比如欧洲文化对非洲民俗的态度由排斥到融合，最终将其融入欧洲当代叙事。② 涉及如何实现传统文化转型，大抵可以归纳为三个层面。一是全球化的宏观层面，传统文化要进入全球经济贸易系统，从而促成文化大循环。③ 二是大众传播的中观层面，传统文化的生存媒介由书本、建筑、玉石等转向影视、互联网等大众媒介。文化创新要进行媒介创新、技术创新和理念创新。鼓励传统产业的现代化，提高新观众的参与感；运用战略方法研究和创新，实现知识共享和专业化；抓住数字化带来的机遇；重视年轻人的角色。④ 三是符号接合的微观层面，符号的扬弃与创新，话语重组后的传统文化如何作用于现代公共空间重构。寓教于乐与游戏化，被认为是文化遗产传播策略。⑤

目前，几大文化传统或文化体系"依附于各种文化核心价值的学术思潮、社会思潮在中国现代性诉求语境中激烈碰撞；在世界市场制导的全球化趋势中，文化问题不断被推向历史的前台"⑥。在这种情境中，我们应该以何种方式去讨论中国传统文化全球传播？传统文化与全球扩散的内在关联点是什么？在全球化浪潮中文化边界趋于模糊的背景下，传统文化的全球扩散如何通过大众媒介实现"日常生活"融入？本节尝试通过对这些问题的探讨，厘清传统文化全球扩散的一些基本问题，检视全球化文化边界位移的理论脉络，从而更清晰地辨认传统文化全球扩散的理论问题。

① PLAN A. Communication from the commission to the European parliament, the council, the European economic and social committee and the committee of the regions. European Commission, 2011.

② ROBERTS J. African American belief narratives and the African cultural tradition. Research in African literatures, 2009, 40 (1): 112 – 126.

③ WARNIER J P. La mondialisation de la culture repères cultures communication. Paris: Editions La Découverte, 2008.

④ GOGGIN G. Cultural studies of mobile communication. Handbook of mobile communication studies, 2008, 26: 353.

⑤ MANCUSO S, MUZZUPAPPA M, BRUNO F. Edutainment and gamification: a novel communication strategy for cultural heritage. Archeostorie, journal of public archaeology, 2017, 1.

⑥ 孙麾：《文化哲学研究的思想路径》，《中国社会科学报》，2015 年 1 月 28 日第 B1 版。

二、中国文化全球传播的媒介逻辑

（一）传播：作为传统文化全球扩散的内在动力

在笔者看来，传统文化全球扩散与大众传播具有同构性。在已有的研究中，大多是基于表述惯性自然而然地将传统文化和传播结合起来论述；在已有的表述中，新的范畴只是简单地加在旧的范畴上，没有进行理论阐释，也没有任何"超验的推理"。但实际上，传统文化并非天然具有传播属性。我们将这个问题放在现代性的逻辑中来检视可知，传统文化融合的传播维度有其全球化逻辑。

传统文化现代融合首先是实现现代性的问题。从现代性历史来看，现代性往往是美国化、欧洲化的代名词。西方文化是伴随政治、经济全球化进入中国的，由此可见传统文化的现代融合无法忽略全球化这一时代背景。作为资本运动的新表征和价值传播的集合体，全球化的深入与推进，不仅导致了以民族国家为主要政治形式的工业体系的形成，而且促进了集共同命运的族群归属和政治独立身份诉求于一体的民族主义崛起，由此催生以"建构民族性"和支撑"想象的共同体"为内涵的政治运动。① 实际上，全球化与传播又存在同构性。吉登斯认为，全球化首先是媒介的全球化，通信技术全球化的产业，是媒介与全球化在联结本性的契合。② 杰姆逊也将传播与全球化相提并论，他认为，全球化是一个传播性概念，今日遍布全球的网络中就有通信技术革新的结果。③

其次，传统文化现代融合的介质具有传播性。媒介在现代社会文化中占有重要席位，20 世纪 60 年代，尼葛洛庞帝就认为人类处于"数字化生存"状态。人们交往实现"再中介化"（re-mediation）或"中介形态的多样化"（varying forms of mediation）。④ 欧美学者从 70 年代后期开始讨论"媒介化"（mediatization）这一概念，认为"媒介逻辑"已渗透社会和文化活动。英国社会学家汤普森在《媒介与现代性》一书中，从批判的文化研究视角，用"文化的泛媒介化"（mediazation of culture）论述资本主义生产方式下以媒介为载体的

---

① 詹小美、苏泽宇：《全球化进程中的认同逻辑与向度》，《学术研究》2016 年第 11 期。

② GIDDENS A. The consequences of modernity. California：Stanford University Press，1990：64.

③ JAMESON F. Notes on globalization as a philosophical issue//JAMESON F，MIYOSHI M（eds.）. The cultures of globalization. Durham：Duke University Press，1998：55.

④ BOLTER J D，GRUSIN R. Remediation：understanding new media. Cambridge：MIT Press，2000.

文化生产和流通。媒介技术作为重要构件进入文化生产内核。因此，虽从表面上看，传统文化和传播在时代变迁中是误构的，但从逻辑上看是同构的。

所以从传播学层面看，交流作为知识空间的基本形式已取代了生产。交流一方面使新的可认识的对象（如话语）呈现出来，另一方面又规定了新的范畴和新的方法（如文化效果分析）。传播作为传统文化序列中的一条裂缝而进入全球流通领域。从传播视角研究传统文化的全球流转，传播作为传统文化现代融合的符号承载，为传统文化全球扩散提供了"渡船"。

（二）中国传统文化全球化的媒介语法

大众媒介为传统文化传播延伸出一系列全新传播范式。以智能终端为基础的移动传播已成为重要的传播形态，成为当代意义生产的独特机制，并通过人们网络行为的模式化、惯性化的自在规范，逐渐建构出新的文化范式。

这种新的媒介语法最先体现在作为"内容域"与"中介域"的媒介技术。新技术逻辑催生传统文化新的传播生态与再生产格局。中国文化的书写不能脱离传播技术史的书写，信息传播的媒介技术文明形态是构成中华文明脊梁的脊柱。[①] 在世界媒介变迁史中，传统文化传播差异明显，也因此导致不同媒介形态下文化传播的不同景观、方法与模式。曼纽尔·卡斯特尔（又译作"曼纽尔·卡斯特"）在《网络社会的崛起》中认为，信息化时代的技术范式包括信息成为原料、新技术无处不在、网络化逻辑指涉新技术的系统和关系、信息技术范式的弹性化、特定的技术逐渐聚合为高度整合的系统五个特征。"网络建构了我们社会的新社会形态，而网络化逻辑的扩散实质地改变了生产、经验、权力与文化过程中的操作与结果。"[②] 从此逻辑看，传播技术转变了传统文化的认知方式和生产方式。受众试图通过用权威、确定、"现实"的线性方式，来增加内涵意义，消除作者作为绝对声音的权威性。这就模糊了"读者"和"作者"之间的界限，撼动了创作者的权威地位。[③] 传统文化传播固然是一种知识确认型的活动，准确、规范是其要义，但同时，现代传播系统更注重受众权力

---

① 参见中国社会科学网，http://www.cssn.cn/gd/gd_rwhd/xslt/201506/t20150630_2055293.shtml，2015 年 6 月 30 日。

② ［美］曼纽尔·卡斯特著，夏铸九等译：《网络社会的崛起》，北京：社会科学文献出版社，2001 年，第 569 页。

③ 转引自文森特·米勒著，晏青等译：《数字文化精粹》，北京：清华大学出版社，2017年，第 7 页。

的话语方式。传统文化的"光晕"在新的意义生产机制、传播范式中得以重新播撒。

因为技术这一"基础设施"的实现，铺垫出一种融合多种媒介的融媒体平台，融媒体的话语优势互补形成传统文化的聚合传播语态。大众传媒不只是一种媒介，而是一个社会关系的"生产机器"，集人际传播、群体传播、组织传播与大众传播于一体的媒介集群。《关于实施中华优秀传统文化传承发展工程的意见》指出，发展传统文化的重要任务之一要"探索中华文化国际传播与交流新模式，综合运用大众传播、群体传播、人际传播等方式，构建全方位、多层次、宽领域的中华文化传播格局"①。现代技术催生了新传媒形态、文化形态，并形成文化的传播格局。一是多媒介化下的多平台架构，电视、电脑、移动设备等多种媒介复合、跨屏使用的普遍化。新技术的发展和使用惯性作用下，新旧媒介同时活跃于传媒市场，分别坚守一定的意识形态功能、经济边界，并试图以各种途径实现话语权的争夺与开拓。二是媒体迭代式创新，不断衍生出更多的传媒形态。传统文化的压力来自新媒体的革新。微博、微信、各种 App 兴起，不同的传媒形态有着不同的操作方式和文化诉求，这给传统文化的传播融合带来更多的不确定性。移动互联网镶嵌于人的社会交往，交往媒介化、移动化重构新媒体内容生产格局。聚合式的媒介集群生态下传统文化需聚合传播语态，引发传统文化传播介质的复合格局。

所以我们发现，技术导向的新媒介及其平台的实现，孕育出不同的符号系统及其意义接受范式，不同的意义感知和生产方式构成理解传统文化的不同视域。媒介技术推动传媒体系改变了意义生产范式。尽管学术界对技术的批判甚多，比如有观点认为技术会造成意义的损耗，② 但是，技术已然改变了意义生产机制。比如，模拟技术能直接剥离现象，开启意义的非语言体验的新局面。近十年来，社交媒体越来越成为内嵌于现代传媒的重要语法。在互联网平台这种交叉链接的话语系统中，社交媒体成为知识生产的来源之一。③ Ganaele Langlois 在《社交媒体时代的意义》一书中认为，社交媒体软件作为意义生产

---

① 中共中央办公厅、国务院办公厅印发：《关于实施中华优秀传统文化传承发展工程的意见》，《人民日报》，2017 年 1 月 26 日。

② CARR N. Is google making us stupid？. Yearbook of the national society for the study of education，2008，107（2）：89 – 94.

③ WASKO M M，FARAJ S. Why should I share？Examining social capital and knowledge contribution in electronic networks of practice. MIS quarterly，2005，29（1）：35 – 57.

机器能直接参与意义生产与传播，代替我们生产意义，并且这种意义也服务于主导性市场。① 新移动传播产生了新的传播空间和文化空间，比如卧室文化对客厅文化的取代。② 各种技术的价值溢出效应也要重视，尤其社交媒体技术或者说软件将意义变得具有操作性、可视化、代码化。文化已然无法忽略这种转变，即意义的框架发生转变：由人能动性发展和表达的意义概念转变为作为计算机过程的意义概念，这种意义是由不同的信息构件整合而成的富有意义的东西（meaningfulness）。③ 由此可知，主体、身份和文化都不是一劳永逸的，而是参照他者、介质获得自身的存在。正如麦克卢汉所揭示的，不同的表述形式提供了个体经验和社会交往的不同内容。意义生产于形式与内容的交汇之中，即传播的话语、体裁和形式之中。④

综上，作为"基础设施"的技术、作为情境或平台的融媒体、作为符号接受的意义再生产等为中国传统文化全球传播提供新的媒介基础、话语情境和意义机制。在一定程度上讲，文化在技术聚合和融合传播语态中为我们提供了一种共同的意义框架。具有关系化（relational）、环境化（contextual）、高语境（high-context）、相互依存（interdependent）等特征的中国传统文化，通过大众传媒构建共享的符号、认知、仪式、集体认同图式等创造一种共同的意义框架，在媒介技术、媒介融合和新意义机制下，重新走上文化创新的征途。

第二节　作为方法的传播：日常融入的实现

当代跨文化代码变迁是在全球化的框架内发生的。全球化和本土化相互纠缠，西方现代性神话和霸权格局的假设观被打破。斯各特·拉什认为国家制造业社会转向一种全球性的信息文化，并兴起三种新兴的支配性逻辑：全球逻辑

---

① LANGLOIS G. Meaning in the age of social media. Palgrave Macmillan US, 2014: 16 – 17.

② FUREDI F. How the internet and social media are changing culture. Aspen Institute, 2014.

③ LANGLOIS G. Meaning in the age of social media. Palgrave Macmillan US, 2014.

④ ［丹］克劳斯·布鲁恩·延森著，刘君译：《媒介融合：网络传播、大众传播和人际传播的三重维度》，上海：复旦大学出版社，2015 年，第 88 页。

取代国家原则、信息逻辑取代制造业逻辑、文化逻辑取代社会逻辑。① 在这种新的"全球—信息—文化"的逻辑链式中，传统文化发展牵扯着更多的因素。在全球一体的文化拓扑空间中，各民族国家、文化由历史进程的先后序列变为并列关系，不同文化边界变动、推移与交融，成为契合当代社会的有机的文化形态。

一、传播与对话：从文化焦虑到文化融合

首先，全球知识与本土知识的边界与融合。经济全球化的"异质趋同"与民族国家的"排他斥异"让传统文化传播变得复杂。罗伯森的"球域化"（glocalize/glocalization）揭示全球化是"全球"和"地域"的双向互动，"其核心动力学包含了普遍的特殊化和特殊的普遍化这一双重的过程"②。正如霍尔的编码/解码理论揭示，全球编码者与地方解码者都是有限的文化个体，所谓文化同质化、"普遍主义"理论是虚妄的。

金惠敏认为，全球化更准确地讲应描述为以地域性为其根本的各种文化之间的主体性竞争过程，有"解域化"便有"再域化"（reterritorialization）。③ 尽管约翰·汤姆林森认为全球化这一概念的热度遇到"本地化"趋势就会很快耗散，但文化全球化打破了文化与地理位置这一关键且根深蒂固的关系。④ 因为"一种文化"往往暗含着意义建构与地方性的关系。在文化的社会功能上，尤其是从集体意义建构了很大程度上被视为服务于社会一体化目标的功能主义传统来看，这也内含着文化是一种空间界定的实体的假设。⑤ 而全球化改变了流动和居住的生活经验结构，文化与空间的关系越来越弱化，出现"去地域化"现象。日益增长的日常流动性改变了大多数人的文化环境。像长距离或短距离的来往、购物、休闲等，与越来越多的海外旅行结合起来，改变了发达社会地

---

① ［土］阿里夫·德里克著，李冠南、董一格译：《后革命时代的中国》，上海：上海人民出版社，2015 年，第 48 页。

② ROBERTSON R. Globalization：social the ory and global culture，1992，16：177 – 178.

③ 金惠敏：《全球对话主义》，北京：新星出版社，2013 年，第 78 页。

④ ［英］戴维·赫尔德、安东尼·麦克格鲁主编，王生才译：《全球化理论：研究路径与理论论争》，北京：社会科学文献出版社，2009 年，第 167 页。

⑤ MANN M. The sources of social power，Vol. Ⅰ：a history of power from the beginning to A. D. 1760. New York & London：Cambridge UP，1986.

方居住的经验。在约翰·汤姆林森看来，去地域化是 21 世纪所有社会的特征，也是文化实践和经验最有意义的一种现象。① 文化与地理和社会领域间的"自然"关系的消失并非指文化的地方性、特殊性和差异完全消失，而是指与过去相比，地方性不再是文化经验唯一的决定性因素。地方被全球联结结构的一体化所渗透，去地域化造成地方特殊性对文化控制的衰减。现代传媒系统既是从技术上也是从制度上跨越时空桥梁的模式。跨国传媒公司、卫星电视以及互联网从地方性的情境中提炼文化经验，可视为去地域化的独特模式。观看电视，浏览网络信息，通过智能手机的信息获取、娱乐满足等，都可以说是独特的文化实践方式。正如有学者感叹的那样，新的通信技术的发展，造成"离开"已被消灭，"到达"得到了推进———一种数据抵达时代来临。② 因此，部分传统观念和行为准则衰落，而全球化超越物理场所局限形成新的信任关系和道德义务感。

在这种"解域化"与"再域化"的博弈中，中国传统文化固有的本土空间被压缩甚至消失，其功能大面积缺场。商业逻辑、教育体制等公共领域几乎都成为西方文化的操练场。于是我国文化界出现这样的弊端，基于西方生活的逻辑来形容、规范或裁剪中国传统思想、当代生活与精神状况。在这种西方文化本体论预设下，中国传统文化缺少现代生存的自身范式，进而失去对现代生活的理解框架。但是，在中西碰撞的交流"无奈"中，总能窥见其背后根本的问题在于中国传统文化的作用机制。也就是说，传统文化仍然在潜在层面影响中国人看待世界的方式和框架，比如美籍华裔政治家骆家辉的成功在"中国梦"和"美国梦"语境中的理解存有差异，中国将其视为在祖辈、父辈打下的基础上获得的，是一件光宗耀祖的事情，而"美国梦"更多认为是个人经过努力取得的，无关祖辈、家族。虽说中国传统文化在现代化进程中出现大规模后退，但并不意味着它失去了现实作用，尤其在民间的世俗传统中体现得更为明显。有学者指出，中国社会自 20 世纪 50 年代以来在不同层面发生了重大变化，但人们的日常生活和人与人的交往方式，特别是广大乡村和中西部区域的社会关系和核心观念等没有发生结构性的变化，甚至还出现某种加速"回归"的趋

---

① ［英］戴维·赫尔德、安东尼·麦克格鲁主编，王生才译：《全球化理论：研究路径与理论论争》，北京：社会科学文献出版社，2009 年，第 173 页。

② VIRILIO P. Open sky. London：Verso，1997：56.

势。① 所以近年有学者指出，中国各地的家庭有着各种独特的价值观和生活方式，即使中国整体社会发展循着西方工业化和城市化的发展之路，中国不同地域的家庭变迁依然展现出自己独特的变迁路径和现代家庭模式，是全球化与本土化博弈的结果。②

根据"全球化本土性调整"③ 这一概念，文化传播强调整齐划一中也存有差异，全球化呈现同质化和异质化的复杂结合。在全球范围里流通的文化元素在本土化过程中获得新的表达方式，迎来了去领土化、混合和杂交进程。④ 从中国传统文化的语境中析取出来的象征、符号和意识形态，在与其他文化元素混合的过程中获得新意。中国传统文化在全球化进程中，"文化帝国主义"那样的绝对性压制不复存在，因为多文化中的互动是一个复杂的对话活动。20世纪 80 年代风靡全球的电视剧《达拉斯》在各个国家或地区的解码揭示编码统一性、完整性的艰难和"文化帝国主义"这一线性过程假设的虚妄性。泰玛·利贝斯、埃利胡·卡茨认为，"解码活动是观众文化和生产者文化之间的一个对话的过程"⑤。霍尔的编码理论揭示全球文化编码者与地方文化解码都是有限的个体。

其次，传统与现代深度互动、延展与融合。现代化是一个不断变革更替的过程，它加快社会与个体自由度的现代意识形态的建立。现代性似乎是本之于自然，具有普遍的有效性。但是，随着时代更替，传统文化的内涵与边界不断变化、更替或丰富。从《荷马史诗》到古希腊的悲剧，从莎士比亚的戏剧到卓别林的电影，从《诗经》中的"国风"到《三国演义》《西游记》，从唐诗、宋词到京剧，中外传统经典在不同历史时期的经典化过程正是如此，它们不但离不开通俗文化的土壤，甚至有些一开始本身就是通俗文化，只是在历史发展中成为经典的传统文化种类。中国传统文化生成与融合更是一个自然而然的过程，历史上儒、释、道、法家等思想的融合历程与机制，现在又不断与西方文

① 孙英春：《跨文化传播学》，北京：北京大学出版社，2015 年，第 405 页。

② 马春华、石金群等：《中国城市家庭变迁的趋势和最新发现》，《社会学研究》2011 年第 2 期。

③ ROBERTSON R. Glocalization: time-space and homogeneity-heterogeneity. Global modernities, 1995, 2 (1): 25 – 44.

④ PIETERSES J N. Globalization as hybridization in Mike Featherstone. Scott Lash and Roland Robertson global modernities, 1995.

⑤ ［英］泰玛·利贝斯、［美］埃利胡·卡茨著，刘自雄译：《意义的输出：〈达拉斯〉的跨文化解读》，北京：华夏出版社，2003 年，第 5 页。

化新要素进行交融，从而使其成为一个动态概念，其边界也不断拓展。民族性是传统因素和现代因素的交融汇合。

近代以来，传统文化和现代文化始终处于交流碰撞和融合的征程之中，并交融成"现态文化"。现代媒介为流动的、可塑的、非固化的传统文化的内涵与外延的演进提供了机遇。另外，传统文化与大众文化融合，大众文化作为现代社会最重要的文化修辞，异化成一种"新道统"。① 例如，儒学复兴于20世纪70年代在海外兴起，80年代传入中国。在20世纪末期，儒学作为一门独立的学术学科得以重建，伴随这一过程的是儒学作为大众文化的复活。② 具有低门槛、感官性、狂欢性和娱乐性的大众文化在全球化进程、商业化社会中逐渐发展为一种思维方式，并贯穿政治、经济等各个层面，大众文化促成自发性、外向性、个体取向增强，从文化浪潮实现主体涵养，使大众社会崛起，大众文化成为影响大众最重要的文化范式。传统文化与诸文化之间由现在的"依存"模式向"互惠共生"模式转变，由点共生模式向融合共生模式转变。优秀的传统文化突破多种历史时间节点，更好地进入现代意义生产和价值创造体系。

因此，全球化与本土化、传统文化与大众文化之间的"自我"与"他者"矛盾并非不可调和，相互借鉴、交融便是中国传统文化发展的主要途径。尽管如此，中国传统文化的独特性仍会是对文化融合的本体性持守。比如，异于西方"向死而生"的生存观念，呈现推崇归属、家庭、传承、延续、道德的"生生不息"生存结构③，这就形成了看待生命意义、伦理结构、价值体系的差异。还比如中国传统文化注重道德价值，注重从个人内心道德感出发，推出道德和家庭伦理，并将道德价值外推到社会制度层面。"天人合一""道德价值一元论"等基本结构制约了中国文化长程演变的模式。④ 中国把伦理道德视为高于知识价值的"伦理中心主义"会成为中西文化融合的一种潜在心理结构。所以有学者认为，中国新文化运动的成功在于突破了伦理中心主义的禁锢，从而才

---

① 晏青：《神话：理解中国传统文化的媒介化生存》，北京：中国社会科学出版社，2015年，第259页。

② ［土］阿里夫·德里克著，李冠南、董一格译：《后革命时代的中国》，上海：上海人民出版社，2015年，第100页。

③ 孙向晨：《向死而生与生生不息——中国文化传统的生存论结构》，《宗教与哲学》2014年第1期。

④ 金观涛、刘青峰：《中国现代思想的起源：超稳定结构与中国政治文化的演变》，北京：法律出版社，2013年，第22、48页。

有了新的社会观、哲学观和价值系统整合起来成为整体性思想体系。① 在这个过程中，中国传统文化要面对西方文化的一套陌生的代码，需要对这些陌生代码进行规则化，实现文化代码的内部变迁，在这个过程中实现中国文化的优势竞争。

当然，除了受众解码差异的"文化帝国主义"虚妄，从文化生态学的视角来看，过分强调边界的理念是危险的，这种僵硬的界定有悖于生态学经验。相反，边界可能更具有可塑性，各种文化之间维护着一种"自由的边界体制"，保证了差异的存在，又具有一定的开放性。② 中国传统文化的当代冲突转化为"前自我"与"现自我"的关系，最终转化为现代性的"自我"的文化建构，即中国现代文化。现代文化不再仅仅表现为马克思主义文化、民间文化、西方文化等文化之间的碰撞与纠葛，而是不同文化的接榫，中国传统文化基因融入并拓深现代文化工程。

二、融入社交：中国文化全球传播的"日常融入"

那么，面对这种边界不断变动与融合的现实，如何实现中国传统文化现代培育、发展的长效实践机制？笔者认为要建立传统文化日常实践的主体机制。党的十九大报告强调，让中华优秀传统文化融入日常生活。③ 西方哲学家胡塞尔提出"生活世界"概念，认为它是一种先验的意识结构，而哈贝马斯在此基础上提出新的理解，认为"文化""社会"和"个性"构成了"生活世界"的基本结构，在这三者相互联结的复杂关系中，由于自我与他人互动的介入，"生活世界"成为错综复杂的意义关系网络，人类交往在这三者的相互交融与彼此分殊中发挥中介的作用。④

所以说，中国传统文化进入社交媒体的交往实践，便是进入"日常生活"

---

① 金观涛、刘青峰：《中国现代思想的起源：超稳定结构与中国政治文化的演变》，北京：法律出版社，2013 年，第 48 页。

② 彼得·芬克：《文化生态学》，见［德］安斯加·纽宁、［德］维拉·纽宁主编，闵志荣译：《文化学研究导论：理论基础·方法思路·研究视解》，南京：南京大学出版社，2018年，第 386 页。

③ 习近平：《决胜全面建成小康社会夺取新时代中国特色社会主义伟大胜利》，《人民日报》，2017 年 10 月 28 日第 1 版。

④ 孙英春：《跨文化传播学》，北京：北京大学出版社，2015 年，第 58 页。

的重要途径。理由有三。第一，正如马克思指出的，人的本质是一切社会关系的总和。文化的传承与创新主体是人，人的社会实践是基于社会关系的。第二，"社交媒介化、媒介社交化"趋势使然。基于 Web 2.0 平台，人们越来越爱分享、评价、讨论、相互沟通，诸如微博、微信等社交媒体，将人的行为与生活引入社会关系的建构。第三，文化主体的文化实践是在社会关系中完成的，根据哈贝马斯的交往行为理论，交往行为是一个与语言、文化符号互动的过程，语言和文化是构成"生活世界"的基本因素。①

哈贝马斯和鲍德里亚晚期著作中都重点研究媒介和交往的关系。② 哈贝马斯甚至提出"理想言说环境"来形容这种互动框架，即所表达的是真实的，并为人所理解；言者是真诚的，言语符合规范的环境。在这里，这种言说环境依赖于个体的道德发展，而非权力压制的程度。交往被描述成一个自为的进化现象，一种依赖社会进步和个体发展的现象。鲍德里亚提出的象征交换则可以形容意义互动中的符号机制，依循消费主义的逻辑，消费时代的个体消费的是意义而非产品，象征交换成为一种新的意义结构。那么，当下消费主义语境的传统文化的意义再生产遵循的是象征交换的逻辑，而非商品或服务的生产。传统文化的价值已不是在劳动过程中创造出来的，而是在交往结构中实现的。因为符号如果脱离了互动的网络，就成为单边的信息，成为一种没有回应的交往。③

中国传统文化的全球传播，是社会关系和社会交往的本质体现，它不断延伸，就是把不同文化、族群联结在一起的过程。人类发展的历史证明，正是社会关系和社会交往构成了文化的内在源泉，也构成了对各种文化进行认知、理解和界定的空间。全球化是人类社会关系与社会交往的进一步延伸，为跨文化的传播与融合提供了条件，也重绘着当今世界的"文化地图"。④

遵循这种逻辑，从大众传播的视角来看，世界范围内最便捷的交往平台——社交媒体是中国传统文化可以依赖的途径，固然它也是问题重重，但正如有学

① ［德］尤尔根·哈贝马斯著，洪佩郁、蔺青译：《交往行为理论·第二卷——论功能主义理性批判》，重庆：重庆出版社，1996 年，第 175 页。

② 转引自马克·波斯特：《批判天蝎座与技术文化：哈贝马斯与波德里亚》，选自［美］道格拉斯·凯尔纳编，陈维振、陈明达、王峰译：《波德里亚：一个批判性读本》，南京：江苏人民出版社，2008 年。

③ BAUDRILARD J. Pour une critique de l'economie politique de signe. Paris：Galimard，1972：181.

④ 孙英春：《跨文化传播学》，北京：北京大学出版社，2015 年，第 55 页。

者指出的，社交媒体能有效提升交际效能，其技术的相通性、较低的意识形态性，能够有效突破因为"中国特色"（比如汉字、中国模式）的障碍，以开放、互动的心态在与世界主流媒体话语体系接轨的同时，也与世界共同创建话语体系。① 社交媒体可能是目前最符合哈贝马斯的"理想言说环境"、鲍德里亚的象征交换的意义结构。

因此，抽象的文化理论向具体化的生活世界转变，从而塑造现代文化的实践性主体，如此循环往复。在这个过程中，主体的上下游滑动，正是文化主体形成的历程。不同的文化存在不同的文化主体：消极应对，不积极融入任何一种文化的"边缘人"（marginal person，罗伯特·帕克）、不同文化整合成的"融合人"（intergrated person，约翰·贝瑞）、在不同文化之间游刃有余的"阈限人"（liminal man，托德·凯斯林）。要实现传统文化实践主体从"边缘人"到"阈限人"转变，要让文化主体在社交媒体的社会化实践中实现重塑。正如社会学家玛格丽特·米德所说的，人性具有极强的可塑性，它能准确而又各异地响应不同的文化传统。② 因此，通过基于媒介的日常交往实现"文化交往"，可塑成一个"古""今""中""外"的复杂、多元、动态且更具创新能力的现代文化体系。以"无为之道"的日常生活，实现持续性、常态化的文化创新。在这个过程中，基于社交媒体的文化实践与基于自在/先验的文化内省，塑造了外源性和内源性两种实践主体，并以机制驱动传统文化实现从话语边缘到话语生成的转变。在"文化自觉"意识中，实现中华民族在全球化背景下的"文化主体性"，实现传统文化参与当代意义生产、社会问题和理性建构，有效汇成现代文化。如此一来，中国传统文化在各种社会关系和交往中不断拓展，从本土扩展到全球社会，实现世界范围内的"普遍交往"。

三、全球融入的反思

中国传统文化全球传播在国家综合国力提升、全球化日益深入、文化自信

---

① 晏青、支庭荣：《社交媒体礼仪：数字关系情境下的伦理方案与效果辨析》，《现代传播》2017 年第 8 期。

② 英国 DK 出版社编，郭娜译：《社会学百科·前言》，北京：电子工业出版社，2018年，第 14 页。

的倡导等背景下日益成为热点问题。其实，世界很多国家或地区都因全球化而引发"民族性"焦虑，文化传统传承成为全球性议题。学界讨论传统文化走出去，很容易将传统文化与传播结合起来谈，而忽略全球化流动、文化媒介化的内在逻辑。传播作为传统文化全球扩散的关键点有其独特的属性，也正是基于传播，中国传统文化要面临全球知识与本土知识、传统与现代等的边界模糊或位移。基于文化交往即文化融合这一逻辑，笔者提出从社交媒体的交往实践实现"日常生活"融入，实现中国传统文化通过社交媒体语法进行文化流转和价值扩散。

所以说，中国传统文化与大众传播并不存在天然联系和内在规定性，两者的偏正性表述是在"全球化—现代性—传播"的历史演变和话语脉络中勾连的。传统文化螺旋式发展与作为国族沟通介质和符号承载介质的"传播"具有话语同构性。从传播角度看，作为世界性议题的文化融合，在新技术范式、融合语态、意义生产机制的传播情境中更新文化传播假设与理念，实现传统文化在时间（现代继承）和空间（全球传播）领域的协调发展。尤其在基于传播逻辑中的全球化和本土化、传统与现代的多重博弈中，作为地方性知识和传统意蕴的传统文化的边界得以拓展，而将传统文化汇入社交媒体的交往实践是实现进入"日常生活"的一条途径。

需要进一步探讨的是，现代性从经济上切断了中国传统文化的物质基础（尽管有原教旨主义意味），从文化上切断了符号语境；全球化从空间上压缩了传统文化的地方特性（specificity of location），而大众传播在一定程度上弥合了现代性、全球化带来的裂缝，大众媒介为文化的循环互动、意义流转提供了绝佳机遇，为传统文化创造了新的经济和空间的机遇。那么在这种经济与空间"挤压/坍塌""舒张/重建"的再符号化过程中，传媒如何向世界传播并分享中国的本土经验、文化智慧？一般来说，跨文化传播阐释是回应这个问题最常用的范式。可问题是，当下中国文化本身已经是多元文化碰撞、跨文化作用下的产物，那么，在多重现代性理论逻辑中，跨文化传播是否也具有多重性？中国文化在异域与本土之间多次互动、循环往复，并形成全球传播是否需要考虑一个新范式？如此，我们便可避免陷入"他者"与"自我"文化由外而内或由内而外的单方向、一次性或少量互动的局限之中。考虑好这个问题，我们可能会更好地理解本土知识与价值，进而融入世界知识、价值图谱。

第三节　作为渡船的媒介：中国
节日文化的海外扩散

中国文化对外传播在全球与地方、传统与现代的多维碰撞中成为"问题域"，涉及主体性建设、话语策略、价值传播、现代性等议题。我国政府、跨国公司、民间组织等在传统文化的全球传播方面着力颇多，但仍未完全实现中国形象由"他塑"向"自塑"转化，尤其大众媒介这一重要渠道并没有发挥应有的作用。程曼丽指出，在"虚拟世界主义"的引导下，融媒体技术被广泛应用到传播的虚拟空间，中国的海外传播生态发生了前所未有的变化。[①] 尤其作为当下全球传播的重要渠道的社交网络平台在国别认同、族群情感、信息互动等方面表现出不可忽视的作用。

一、推特作为文化传播实践的平台

本节以春节文化为例讨论中国节日文化的对外传播。总的来讲，春节文化在海外有勃兴之势。究其原因，一是中国的和平崛起以及遍布世界的华侨华人推动了春节文化的传播[②]，海外许多国家在政府和民间层面重视春节，中国政府积极引导，春节在海外的影响力也越来越大；[③] 二是互联网压缩了全球空间，网络将全世界联结在一起，比如社交媒体越来越成为人们进行春节文化表达的渠道。

笔者选择国际主流社交媒体推特（Twitter）用以研究春节文化的传播情况。推特是目前全球互联网访问量最大的十个网站之一，也是全球各国用户使用频率最高的社交媒体之一，它为专业媒体和自媒体进行国际传播提供了重要平台。首先，我们利用 Python 编程抓取数据，以"Chinese new year"（中国新年）和"spring festival"（春节）为关键词，抓取 2017—2019 年三年春节（农历初一）

---

① 程曼丽：《国际传播能力建设的实践研究与意义》，《新闻与传播评论》2019 年第 1 期。
② 景俊美：《中国春节的海外传播研究》，《节日研究》2012 年第 1 期。
③ 阮静：《中国春节海外传播研究》，《节日研究》2013 年第 2 期。

前后四天共 9 天的数据，共得到 25 万余条数据。其次，对部分推文进行文本分析。利用推特自带的搜索功能筛选出有效文本，以样本账号的推文数、粉丝数、成立时间、转发点赞评论等为参考，筛选传播效果较好的推文进行文本分析。通过对其议题呈现，话语风格和内在动因的挖掘，考察中国主流媒体、国外主流媒体和普通用户三类传播主体在推特上的传播与影响力现状。

如图 3 - 1 可知，春节期间每天的推文数据分布不一。除夕前一周开始出现大量关于年俗、回家经历、回忆孩童等内容；日推文数量在除夕这天达到峰值，推文内容多围绕守夜、家人团聚、美食、愿景等内容；随后一周推文数量呈下降态势，内容主要有走亲访友、美食、返程体验等。对比前后长达一个月的相关推文，春节在推特的热度大多集中在除夕和春节这两天，其余时间除了中国主流媒体主动对外传播以及线下华人区的庆祝活动，普通用户很少主动参与到春节的话题讨论中。

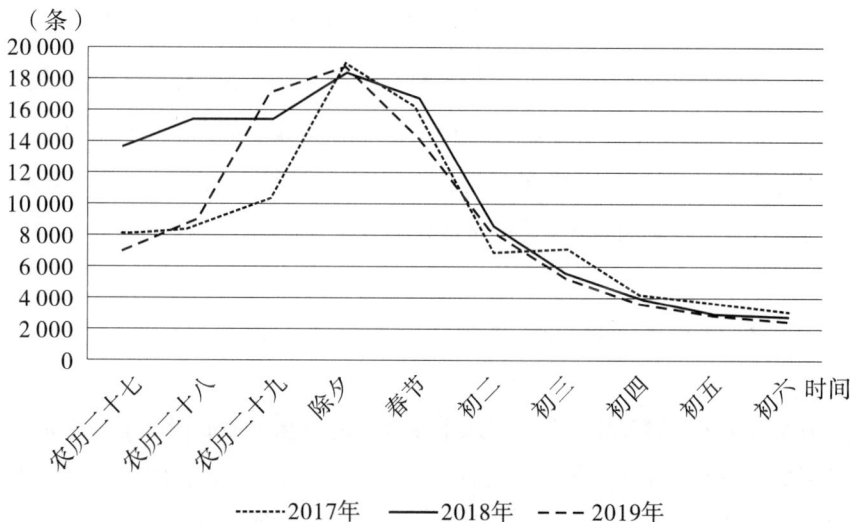

图 3 - 1　春节文化推文在推特上的分布

总体来说，春节是以喜庆为基调的节日。通过对所抓取的推特内容进行情感分析，发现情感偏正向（见图 3 - 2），多是愉快、开心、激动等积极性情感。人们倾向于在春节辞旧迎新，不管过去一年有多少不愉快的事情，都要坦然面对，去迎接新的一年的好运与福气。人们普遍认为，春节期间要快快乐乐，也预示着来年会有好丰收、好兆头。所以，推特文本的春节表征也延续了这种积极情感，传播主体的无意识选择和话语策略，体现了人们对美好生活的向往，表达出人们积极进取的精神，营造了一团和气的节日氛围。

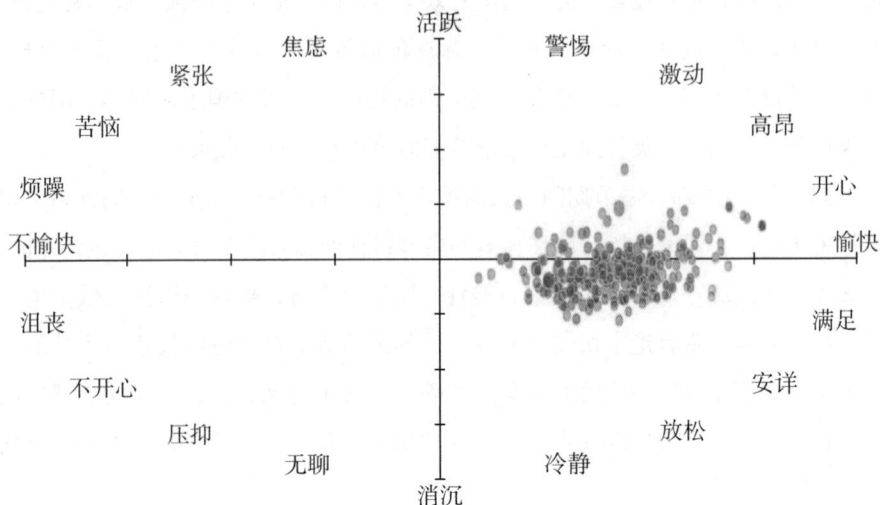

图 3 - 2　春节文化推文的情绪分布

　　值得注意的是，作为社交媒体的推特早已成多方话语的操练场。尽管这个"大众"底色的媒介平台一直颇显"粗糙"，但在全球注意力争夺与意识形态流转中不可或缺。中国节日文化的推特传播，其独特逻辑在于：以社交逻辑带动文化逻辑，以人际交往导向文化的全球融入。

二、春节文化传播的主题倾向

　　有研究指出，春节故事在中国几千年漫长的演化中形成四个主题：充满农耕色彩的"岁时"主题、极富仪式感的"祭祀"主题、世俗性的"团聚"主题和"喜庆"主题。[①] 结合具体的推文内容，推特上主要表现了以下春节文化主题和故事母题，如表 3 - 1 所示。那么，春节文化的不同传播主体在推特上的故事类型选取与叙事有何异同？

---

　　① 胡建斌：《叙事学视阈下的春节故事传播研究》，华中科技大学硕士学位论文，2017年，第 75 - 82 页。

表 3 - 1　**春节故事的内容构成**

春节文化主题	故事母题
岁时类	忙年迎年、打尘、守岁、生肖纪年、除夕封门、初一开门炮仗
祭祀类	祭祖、祭灶、请财神、年夜饭、拜年、拜长辈、压岁钱
团聚类	贴春联、贴年画、贴福字、剪窗花、春运、春晚
喜庆类	红灯笼、中国结、放烟花、放鞭炮、逛庙会、吃年糕、吃汤圆、聚会、旅游

（一）国内主流媒体

国内主流媒体自 2009 年以来就陆续在推特上开设官方认证账号。根据其粉丝数和发文数量，选取影响力前 5 名的账号，对其 2017—2019 年三年内的文本进行了抽样和分析。

表 3 - 2　**选取的国内主流媒体账号基本信息**

用户名	账号	创建时间	粉丝数（万）	相关推文数
GlobalTimes	@ globaltimesnews	2009 年 9 月	90.4	206
ChinaXinhuaNews	@ XHNews	2012 年 2 月	1 190	280
CGTN	@ CGTNOffical	2013 年 1 月	1 160	73
People'sDaily	@ PDChina	2011 年 5 月	527	109
ChinaDaily	@ ChinaDaily	2009 年 11 月	336	327

注：数据统计时间为 2019 年 2 月 11 日。

通过分析推文内容发现，我国主流媒体每年发布的春节文化类信息在 33～90 条之间，四类主题均有涉及，但数量分布有所侧重。"祭祀类"和"岁时类"这些包含文化仪式和理念的推文比例很小，而"团聚类"和"喜庆类"主题则占据较大比例，占到 69%，其中贴春联、贴年画，以及各地的春节庆祝与游行活动成为主要描绘内容，大部分文本以"图片＋文字"的形式进行编码。

我国主流媒体春节期间的报道还包括相当比例的政治新闻，并且随着时间的推进，政治新闻与春节主题的交织越发频繁。2017 年，除了各国领导人的春

节祝福，基本是以常规的春节或者中国文化传播为主的文本；而 2018 年、2019
年两年，政治议题占据了相当的比重，例如西藏人民如何度过春节、领导人的
讲话、港珠澳大桥通车等政治话题通过带话题或者与春节故事制造关联，参与
春节文化叙事。

　　具体到微观层面，具有中国特色的符号也以各种方式参与对外传播。目前，
中国文化符号的国外接受秩序中，认知程度较高的文化符号主要集中在象征类
符号（如长城、熊猫、功夫等）、生活类符号（如烹饪、丝绸、瓷器等）。① 其
中，中国美食、功夫、龙、大熊猫等符号大量运用并广为接受，尽管这类符号
与春节文化并未有直接关联，但作为中国文化海外认知度最高的象征性符号之
一，熊猫和功夫等符号以各种编码形式参与春节的海外传播话语体系。

（二）国际主流媒体

　　以《纽约时报》、《华盛顿邮报》、《卫报》、BBC（英国广播公司）、CNN
（美国有线电视新闻网）等国际主流媒体为例，它们的相关报道主要分布在除
夕、农历初一这两天，内容来源包括转载和原创，转载来源一般是我国主流媒
体的报道。

　　区别于中国文化圈丰富的叙事对象，国际主流媒体对中国春节的关注集中
在"喜庆"与"团聚"类文化内容的符号表征。唐装、春联、红包、盛大的舞
龙舞狮活动，成为描述中国春节最常使用的文化符号。在抽取的 44 篇文本中，
两类议题占 56.8%。以其中发推最活跃的 CNN 为例，其中互动量最高的一条介
绍"舞狮"文化的推文获得超过 300 条的转发。三年间，春节报道主题也基本
都是以介绍春节庆祝活动与团聚类习俗为主。除此，涉及春节的一些社会热点、
社会问题等也成为关注点。比如过年期间"逼婚"、烟花燃放的安全及环境污
染问题、中国的经济发展等话题。

（三）普通用户

　　虽说普通用户推发的文本数量较多，但大部分篇幅短小、内容简单、重复
率较高，按照"热度"排序和"最新"排序，每年筛选 50 个文本，将三年共
计 150 条文本推文作为分析对象。仅从故事类型来看，普通用户与主流媒体差

---

　　① 王丽雅：《中国文化符号在海外传播现状初探》，《国际新闻界》2013 年第 5 期。

别不大，均以"团聚类"和"喜庆类"故事为主。有一部分用户会制作一些普及春节风俗的"祭祀类"或者"岁时类"的短视频，而大多以"文字祝福＋图片"的形式出现的，则是用短句表达简短祝福。尽管华侨华人的线下活动偏爱舞龙舞狮这样的大型游行活动，但从推文的热度和趋势来看，春节文化中输出最成功的是"生肖"，网友热衷于讨论生肖纪年以及动物符号所代表的含义（例如猪代表勤劳和聪明），配图以及视频也多与生肖相关。

三、春节文化的传播话语

梵·迪克指出，话语分析具有文本视角和语境视角两种视角。其中，文本视角是对各个层次上的话语结构进行描述，语境视角则是把对这些结构的描述与语境的各种特征等联系起来加以考察。① 笔者从全球春节这一特定情境分析社交媒体上具体的文化传播景观，对国内主流媒体、国际主流媒体、普通用户三类传播主体在话题选择、话语量的大小、语言修辞、话语策略等方面的春节文化社交媒体传播话语进行分析。

1. 国内主流媒体：单一话题编码与低话语量的碎片化传播

以 2019 年为例，推特在中国农历初一这一天的全球话题参与趋势显示，排名前十的话题中有三个与中国春节相关，分别是"#HappyChineseNewYear""#HappyLunarNewYear""#TheYearofPig"，累计推文数四十多万，春节文化现象受到全球较高的关注度。但是正如前文所探讨的，我国主流媒体虽然在议题选择上对四大叙事类型均有涉及，但在话题选择与传播话语上不尽如人意。比如大量使用话题标签"#ChineseNewYear"和"#SpringFestival"，而忽略国际上接受度较广的生肖标签，实际上"SpringFestival"一词几乎不被国际主流媒体以及海外用户提及和参与。尽管各大主流媒体主动制造话题，例如发起"#CountdownSpringFestival"（春节倒计时）以及"#SpringFestival2019"等话题，但参与度和谈论度较低。

在话语量方面，春节相关的推文持续一个月左右，每天呈现碎片化的传播态势。除"ChinaXinHuaNews"有时在推文后附上完整的新闻链接，我国主流媒体一般均以短小精悍的"推文＋图片"为主，推文字符多控制在 60 词之内，单

---

① ［荷］迪克著，曾庆香译：《作为话语的新闻》，北京：华夏出版社，2003 年，第 83 页。

条推文的话语量较低。

在语用层面，推文的句式趋于精致。2017 年，描述春节时多采用短句和简单句，句子结构多为"主语（人）+庆祝+CNY（Chinese New Year 的缩写）+地点状语/CNY+被庆祝+地点状语"，第一、第二人称的指示代词极少被使用，在情感上与读者保持了一定的距离，陈述句成为主要的叙事方式，缺乏互动与参与感。而后两年的推文长度显著增加，除了必要的"CNY+被庆祝+地点状语"，往往还会增加目的状语（如 to enjoy the happy time）或者是必要的形容词来丰富文本细节，第二人称和疑问句也被使用来拉近与读者的距离。总的来讲，尽管从文本层面，状语和形容词的加入使得文本信息量和话语量增加，但将"标题式"改为"导语式"的推文，加入自上而下的描述视角以及某些政治话题，仍然很难获得海外受众的欢迎，在语境层面仍然没有完成跨语境传播的转变。

2. 国际主流媒体：多元话题与议题延展

国际主流媒体的议题选择虽然与中国主流媒体差别不大，但在话语风格上差异明显。以《纽约时报》《华盛顿邮报》为例，在推文议题的选择上延续报纸风格，注重社会价值与文化价值。在文化传播上表现很好的效果，除了运用春节的热点话题外，还在春节话题中引入其他社会话题的讨论，表现出议题的延展性、显著性。例如《庆祝中国春节与世界日历的多样性》《"为什么不结婚?"中国的同性恋群体春节期间面临的父母辈的压力》，前者从世界日历计时方式的多样性角度，对春节文化的起源做了有趣而不失深刻的知识普及；后者则把话题延伸到当代中国社会的边缘群体的困境之中。

不同于我国主流媒体碎片化的传播方式，国际主流媒体在推特上有一套固定的传播图式，即"概述/细节+新闻详细链接"，媒体通常会将新闻的概述或者是细节放在推文正文，最后附上带有图片和导语的详细新闻链接，直接导向媒体自建的新闻网站。国际主流媒体对于中国春节的报道并不多，报道以深度解读为主。

在语用策略上呈现出不同的风格。纸媒类的推特账号虽然不会全部将导语作为推文的文案，但随文附加的新闻链接与图片可以呈现主要的新闻图片与标题导语，扩大推文的信息量。区别于中国概述性的导语描述，西方主流媒体更倾向于从普通人的视角出发，以细节描述为主，来呈现春节。在这类时效性并不强的稿件处理上，他们更多使用描述性导语。而 BBC 和 CNN 类的公司，推文均以"文字＋图片/链接/视频"的方式呈现，文字的使用则更加口语化，贴近日常，大量第二人称的使用拉近了与受众的距离。在词汇的选择上更偏好能够描述春节价值的词语，或者突出能代表春节文化的符号，如"happy/reunion/fortune/liondance"等，例如在描述春节的习俗和禁忌时，区别于中国主流媒体的"taboo"（忌讳）和"ritual"（仪式），CNN 则会以"11 things you need to know about…"或者"Do & Don't…"更符合西方社交媒体语境和会话合作原则的方式进行表述。

3. 普通用户：语言模因的"跟风"复制

大多数用户对于春节的表达多是简短的祝福，"Happy Chinese New Year"作为语言模因被广泛复制，成为春节期间的热门表述，多以分享美食、聚会等生活主题为主。普通用户对于春节文化传播的参与往往只是跟风复制，缺乏对春节更深层次的了解与认同，因此话语量常常较小，通常只是一句话的简单祝福，缺乏深层次的文化理解性表述。普通用户对于春节文化的传播更多的是一种无意识的"仪式化"传播，没有特定的话语策略和修辞选择，没有深入的解读与参与，只停留在祝福与"打卡"的层面，缺乏深层次的文化认同与交流。

四、结语

从推特 2017—2019 年三年的春节文化传播可知中国主流媒体、国际主流媒体、普通用户三类主体在主题选择、话语风格的差异。中国节日文化的社交媒体传播，其独特逻辑是以社交逻辑带动文化逻辑，以人际交往导向文化的全球融入。本节分析了我国主流媒体、国际主流媒体、普通用户三类传播主体对春节文化在推特的传播实践。其中，在春节主题倾向中，偏好"团聚"和"喜庆"主题；在传播话语上，我国主流媒体呈现单一话题编码与低话语量，国际主流媒体呈现多元话题与议题延展，普通用户呈现对语言模因的"跟风"复制。因此，要提升我国传统节日文化在主流社交媒体上的传播效果，一要着重扩展春节文化议题链，引导春节话题，改善话语方式；二是国内主流媒体要加强互动，首先与国际主流媒体进行互动，以其影响力提升春节文化在全球的关注度，其次加强与普通用户的互动，带动数量庞大的用户参与全球文化叙事。

尽管从推特实时趋势和发推数量上看，中国春节在推特上的影响力逐年扩大，但仍存在不足。一是推文数量最多的普通用户的声音呈现嘈杂无力感，对春节的认知仅仅停留在"快乐"和"喜庆"层面，缺乏对春节文化价值和深层内涵进行传播的意识；二是中国主流媒体近几年的春节报道，尽管在话语风格上有一定的调整，在表达策略上有了细微的变化，但总的来说，议题仍然较为单一，表达方式仍然缺乏吸引力，且几个账号之间差异性不大。因此，本研究的建议是，一是要提升国内主流媒体在国际主流社交媒体上的传播效果，着重扩展春节文化议题生产，引导春节话题，改善话语方式；二是国内主流媒体要加强互动，首先与国际主流媒体进行互动，以其影响力提升春节文化在全球的关注度，其次加强与普通用户的互动，带动数量庞大的用户的主观能动性，在主流媒体和网民互动传播格局中重塑节日文化的全球融入格局。

第四章

个案研究：当代传播实践中的中国文化

技术接受模型（TAM）表明，用户对移动互联网的价值感知是用户接受意愿的决定因素，用户的其他信念（有用性、愉悦性、技术性）通过感知价值而被中介化。有学者基于计划行为理论（TPB）和创新扩散理论发展了移动互联网的使用模型。该模型认为，影响移动互联网使用的关键因素包括：接入费、服务成本、用户满意度、个人创新能力、易用性、同伴影响和便利条件。[①] 技

① HUNG S-Y，KU C-Y，CHANG C-M. Critical factors of WAP services adoption：an empirical study. Electronic commerce research and applications，2003，2（1）：42 - 60.

术驱动的移动媒体产生了新的符号空间、深度互动的语境，形成了新的文化传播范式。海德格尔认为，技术不仅影响我们之外的世界，还以新的方式影响我们的存在。[①] 技术源于文化，但技术又以不可预知的方式改变文化。虽然技术本身无法决定社会文化的变化，但它为更多可能性提供了新条件。[②] 移动媒体在程度和范围上都实现了传播的"同步性、本地化和个性化"实践，重构了当下的传播环境。[③] 尤其人们的时间、空间、文化、身份和民族，在新媒体技术中处理，或者被处理。[④] 移动媒介为传统文化传播、体验和意义再生产提供了新的介质。所以我们发现，这些新的媒介为春节文化、文学艺术提供新的表达渠道、平台与话语方式。

① HEIDEGGER M. Time and being. MACQUARIE J, ROBINSON E (trans.). Washington: SCM Press, 1977.

② KATZ J E, AAKHUS M (eds.). Perpetual contact: mobile communication, private talk, public performance. London: Cambridge University Press, 2002.

③ JENSON K B. What's mobile in mobile communication?. Mobile media & communication, 2013, 1 (1): 26 - 31.

④ MRAZEK R. Engineers of happy land. Technology and nationalism in a colony, 2002: xv - 1.

第一节　文化观念：手机使用
对春节文化观念的影响

一、问题的提出

移动传播已进入"同步性、本地化和个性化"的日常实践，重构了当下的传播环境①，它不只是生产内容的机构，还是日常生活的器具、基础设施，甚至整体生活环境。② 移动媒体如何建构社会生活和文化成为重新理解人类生存的议题。春节作为中国传统节日，既要面临全球化、现代化的宏大叙事的影响，比如不同国家文化的交融、大众文化的强势融入，也受到新媒体话语的挑战。在这种情境下，春节文化的外部条件不断变化，内部文化要素的重组、边界的模糊与延展，意味着探索这一课题十分有必要。

近年来，关于文化如何影响信息技术的发展和使用的研究越来越多。③ 众所周知，不同文化背景会影响用户如何看待所使用的媒介。④ 反过来，移动媒介广泛运用于通信领域，渗透到媒体、娱乐和信息之中，并引发了不可忽视的文化影响。尤其"手机文化"转变成"移动媒体文化"⑤，更需要我们从更宽泛的领域去思考手机使用对文化的影响。可实际情况是，移动传播引起广泛的社

① JENSEN K B. What's mobile in mobile communication?. Mobile media & communication，2013，1（1）：26－31.

② PETERS J D. The marvelous clouds：toward a philosophy of elemental media. Chicago：University of Chicago Press，2015.

③ GALLIVAN M，SRITE M. Information technology and culture：identifying fragmentary and holistic perspectives of culture. Information and organization，2005，15（4）：295－338.

④ ALTMAN KLEIN H. Cognition in natural settings：the cultural lens model. Cultural ergonomics. Emerald Group Publishing Limited，2004：249－280.

⑤ NILSSON A，NULDÉN U，OLSSON D. Mobile media：the convergence of media and mobile communications. Convergence，2001，7（1）：34－38.

会影响，但它们在文化层面并没有得到应有的持续关注。①

　　作为节日的春节文化没有得到应有的研究。节日（festival）作为公共性、主题性和周期性的文化活动，目前的相关研究主要集中在这样几个维度：节日组织、参与的动机、节日体验；节日与当地环境的关系；节日在经济、社会文化层面的影响。② 节日被认为在社会文化领域有着重要的作用③，有利于促进友谊、家人关系④；还体现社会共同价值观、意识形态和身份认同⑤。虽然对节日的研究越来越多，但是节日是事件（event）研究中的一个重要的子领域，直至目前还没有作为独特体验来研究。⑥ 尤其春节作为中国最重要、最能反映中国人心态的节日还未被当作独特的体验进行研究。

　　传统文化的当代传播因媒介话语差异而会有所不同。大众传播机构介入常常呈现的是"完成的文本"，而在线的自我表达多为"书写中的脚本"。⑦ 春节文化在手机媒介中是一个互动、开放的书写场域。早在 2005 年，春节期间的手机拜年短信达 100 亿条。微博、微信相继成为春节期间重要的媒介产品选择。截至 2018 年 12 月，我国手机网民规模达 8.17 亿，使用手机上网比例达 98.6%。数据表明，2019 年春节期间，从除夕至初五，微信消息发送总量达 2 297 亿，朋友圈总量达 28 亿条，音视频通话总时长达到 175 亿分钟。⑧ 手机媒介在提供便捷的同时也引发了一系列问题，多家报纸刊文指出，春节期间的

---

　　① GOGGIN G. 26 Cultural studies of mobile Communication. Handbook of mobile communication studies, 2008：353.

　　② WILSON J, ARSHED N, SHAW E, et al. Expanding the domain of festival research：a review and research agenda. International journal of management reviews, 195 – 213.

　　③ QUINN N（ed.）. Finding culture in talk：a collection of methods. Springer, 2016.

　　④ INOUE Y. Event-related attributes affecting donation intention of special event attendees：a case study. Nonprofit management and leadership, 2016, 26（3）：349 – 366. HUANG J Z, LI M, CAI L A. A model of community-based festival image. International journal of hospitality management, 2010, 29（2）：254 – 260.

　　⑤ GETZ D, ANDERSSON T, CARLSEN J. Festival management studies：developing a framework and priorities for comparative and cross-cultural research. International journal of event and festival management, 2010, 1（1）：29 – 59.

　　⑥ WILSON J, ARSHED N, SHAW E, et al. Expanding the domain of festival research：a review and research agenda. International journal of management reviews, 2017, 19（2）：195 –213.

　　⑦ 张磊等：《集体记忆、民族认同与差序传播：对一个水族家族的探索性研究》，《全球传媒学刊》2017 年第 1 期。

　　⑧ 199IT 中文互联网数据资讯中心：《2018 年春节期间微信数据报告》，http://www.199it.com/archives/692764.html，2018 年 2 月 24 日。

"低头族"现象、手机网购冲淡了年味，短信或微信拜年毁了礼仪，春节被微信"绑架"，发朋友圈拜年、抢红包等"数字化春节"淡化了春节意义。不同情境、类型下的移动通信技术往往在局部或微观层面引发文化习俗变化，这就更需要深入、系统研究手机使用对文化的影响。[①]

目前关于媒介使用与春节的研究呈现两个特征：一是研究传统媒体与春节文化的关系，比如从政治经济学角度分析春晚中的意识形态生产[②]，春节在报纸报道中的内容分析[③]，大众传播结构改变春节内涵、影响受众的自我认同[④]；二是春节期间的微信红包使用会削弱春节文化。[⑤] 总的来讲，现有研究还缺乏手机使用与春节文化的研究，缺乏中间机制的实证检验。本节将探讨春节期间的手机使用对春节文化观念的影响以及参与感与仪式感在该过程中的作用。本研究基于春节期间的调查数据，运用结构方程分析手机使用、参与感与仪式感对用户的春节文化观念的影响。

二、基本理论与研究假设

（一）文化观念

文化观念是指社会文化制度的实践原则、文化价值体系中选择的道德标准，以及解释或分析文化传播现象意义的话语形式。[⑥] 文化观念包含着基本信仰、知觉概念等，是对物质文明、制度文明和精神文明所持的价值判断。文化世界观（cultural world views）是文化观中的一种，指在文化观中关于社会应当如何

---

① GOGGIN G. 26 cultural studies of mobile communication. Handbook of mobile communication studies，2008：358.

② 吕新雨：《仪式、电视与意识形态》，《读书》2006 年第 8 期；赵月枝：《传播与社会：政治经济与文化分析》，北京：中国传媒大学出版社，2011 年。

③ 王安中、刘雪、龙明霞：《中国传统节日文化媒介呈现的实证分析——以〈中国青年报〉为例》，《新闻与传播研究》2008 年第 2 期。

④ 祁林：《传播结构、电视艺术与自我认同：春晚与春节文化的现代性转型》，《现代传播》2017 年第 3 期。

⑤ 比如，张放：《微信春节红包在中国人家庭关系中的运作模式研究——基于媒介人类学的分析视角》，《南京社会科学》2016 年第 11 期；郭强：《传统节日的文化传承——以春节为例》，《文化软实力研究》2018 年第 3 期。

⑥ 吴予敏：《交汇点或分水岭：传播研究的文化观念》，《南京社会科学》2019 年第 3 期。

得以组织的特定偏好。① 有学者用文化联结度（cultural linkages）、文化价值的识别度（recognition of cultural value）、文化流失程度（cultural loss）以及传统与习俗的保留程度（preservation of traditions and customs）测量文化世界观。② 本研究认为在春节情景下文化流失程度和传统与习俗的保留程度属于同一范畴，前者是一种反向测量，所以本文将这两个构念合并成一个构念，最终选择文化联结度、文化价值的识别度和传统与习俗的保留程度测量春节文化观念。

文化联结是社会联结的一种。社会联结起始于生命早期，其发展贯穿人的一生，是个体归属感的重要成分。③ 通过节日来构建主我（个体性自我）和客我（社会性自我），文化与自我产生了联结；参与者保持与他人共同的身份标识、信仰和价值观，促进群体认同。④ 不过，社会认同理论认为，社会认同的建构可分为类别化（categorization）、认同（identification）与比较（comparison）三个基本过程，即在认同形成前后会有分类、比较的区隔与排斥之义。⑤ 按照这个逻辑，在文化认同这个心理机制中，有一个分类的过程，即容易在群体身份标识、群体身份的功能中进行区隔与分类，形成对春节文化价值的认知与识别。

有研究认为信息传播为认同形成提供了语境。迈克尔·赫克特（Michael Hecht）提出认同的传播理论（communication theory of identity）揭示，认同是一个传播过程（communicative process）；认同在传播中得以实现和交换，或者说，传播是认同的"具体化"（externalization）；对认同的研究必须在信息交换的语境中展开。⑥ 其中，社交媒体的使用不仅增强个体的社会认同，还可以提高个

① DOUGLAS M, WILDAVSKY A. Risk and culture: an essay on the selection of technological and environmental dangers. University of California Press, 1983.

② CHOI A S, PAPANDREA F, BENNETT J. Assessing cultural values: developing an attitudinal scale. Journal of cultural economics, 2007, 31 (4): 311–335.

③ KOHUT H. How does analysis cure?. University of Chicago Press, 2009.

④ WHITEHOUSE H, LANMAN J A, DOWNEY G, et al. The ties that bind us: ritual, fusion, and identification. Current anthropology, 2014, 55 (6): 000–000.

⑤ TAJFEL H, TURNER J C. The social identity theory of inter-group behavior//WORCHEL S, AUSTIN W (eds.). Psychology of intergroup relations. Nelson-Hall: Chicago, 1986.

⑥ GUDYKUNST B (ed.). Theorizing about intercultural communication. Sage, 2005.

体的归属感①。比如 Facebook 的持续使用与个体的归属感呈正相关。② 节日本身
也会促成文化认同③，还会激发参与者的文化探究行为④。从心理学上讲，认同
是个人产生的一种联结自我与族群、社会的心理机制；从社会学上来看，是指
"在社会互动的过程中，行为体对自身角色、身份以及他者关系的动态建构、评
估和判断"⑤。其中形成的文化认同，社会主体对所属文化以及文化群体认可和
接受的态度，同时也是获得、保持与创新自身文化的社会心理过程⑥，可以理
解为"一种肯定的文化价值判断"⑦，从而加深对传统与习俗的保留程度。

　　春节作为具有一套符号系统的文化节日，有其独特的文化表意机制。春节
主要活动包括除旧布新、迎禧接福、拜神祭祖、祈求丰年、家人团聚等，有着
一套独特的情感表达模式。情感启动效应（affective priming）形容这样一种情
况：当启动词与目标词有相同效值即评价一致时（如春节—团圆，蟑螂—死
亡），与具有不同效值即评价不一致的词（春节—离别，蟑螂—可爱）相比，
前者目标词的加工更快和更准确。根据议程设置理论，春节期间的新闻信息多
与春节有关，通过社交 App 进行的人际交往更多是关于春节问候、祝福以及联
络感情。手机使用过程中存在持续的情感启动效应，这就会提升对春节的连接
感、认可度。返乡过年是一种回到故乡的精神之途，是中国人的文化共识、行
为指向，甚至心理无意识，而春节是回故乡的一次精神邂逅。故乡这一特定空
间中有共同的生活经验与互动，借由仪式、庆典以及文化活动，逐渐积累形成
情感，从而对返乡过春节产生共同的认同与归属感。基于以上分析，本研究提
出以下假设：

---

　　①　SHAPIRO L A S, MARGOLIN G. Growing up wired：social networking sites and adolescent
psychosocial development. Clinical child and family psychology review, 2014, 17（1）：1 – 18.

　　②　LIN H, FAN W, CHAU P Y K. Determinants of users' continuance of social networking
sites：a self-regulation perspective. Information & management, 2014, 51（5）：595 – 603.

　　③　GRAPPI S, MONTANARI F. The role of social identification and hedonism in affecting tourist
re-patronizing behaviours：the case of an Italian festival. Tourism management, 2011, 32（5）：
1128 – 1140.

　　④　SCHOFIELD P, THOMPSON K. Visitor motivation, satisfaction and behavioural intention：
the 2005 Naadam festival, Ulaanbaatar. International journal of tourism research, 2007, 9（5）：
329 – 344.

　　⑤　孙英春：《跨文化传播》，北京：北京大学出版社，2015 年，第 236 页。

　　⑥　刘江宁、周留征：《认知理论与当代中国的文化认同重建》，《马克思主义与现实》
2015 年第 5 期。

　　⑦　冯天瑜主编：《中华文化辞典》，武汉：武汉大学出版社，2001 年，第 20 页。

H1：春节文化联结与文化价值识别存在正相关关系；

H2：春节传统与习俗的保留与文化价值识别存在正相关关系。

（二）手机使用

本研究的手机是指智能手机，其融合了无线数字技术与电话通信并与移动互联网相连接能使多种移动应用运行。① 手机使用指的是特定受众对特定媒体的使用频率、内容偏好、内容接受程度、媒体期待等。使用和满足理论为研究手机的媒介功能与效果提供了框架，它假定用户知道自己的社会和心理需求，从而积极选择满足这些需求的媒介②，以用户为核心，有助于解释用户为何选择特定媒介，如何使用以及体验结果。该理论在电视、手机传播、社交媒体等领域广为运用。研究发现，手机使用实现了信息获取、情感表达、人际交往等功能③，即手机使用为用户提供了信息价值、社交价值和情感价值。

春节期间，用户越来越倾向于使用手机媒介。首先，手机使用不仅可以让用户通过社交网络随时随地看到他人发布的内容，也可以公开主页、朋友圈，还可以私信或聊天。④ 在一定文化情境中信息获取会影响对仪式的认知，即影响参与者的仪式信念（belief of rituals），进而正向影响仪式参与意愿。⑤ 其次，手机媒介让人们的社交活动更为便捷。春节情境中的社交活动很容易形成成员间对共同符号的分享与认同。社会表征理论揭示，在特定时空背景下的社会成员所共享的观念、意象、社会知识和社会共识，是一种具有社会意义的符号系统。基于特定情境的符号共享有利于仪式感的产生。最后，经典的情绪—认知

---

① ITU. What is a smartphone? Retrieved from http://www. itu. int/itunews/manager/display. asp? lang = en&year = 2009&issue = 02&ipage = 09&ext = html，2018 – 12 – 03.

② RUBIN A M. The uses-and-gratifications perspective of media effects//BRYANT J, ZILLMANN D（eds.）. Media effects：advances in theory and research, 2nd ed. Mahwah, NJ: Lawrence Erlbaum, 2002：525 – 548.

③ AUTER P J. Portable social groups：willingness to communicate, interpersonal communication gratifications, and cell phone use among young adults. International journal of mobile communications, 2007, 5（2）：139 – 156.

④ ELLISON N B, BOYD D M. Sociality through social network sites. The Oxford handbook of internet studies, 2013.

⑤ MYERS S G, GRØTTE T, HASETH S, et al. The role of metacognitive beliefs about thoughts and rituals：a test of the metacognitive model of obsessive-compulsive disorder in a clinical sample. Journal of obsessive-compulsive and related disorders, 2017, 13：1 – 6.

理论认为，情感对认知加工产生影响①，特定的情感对认知有既定的影响。需求归属理论（need-to-belong theory）也揭示，人类的独特性就是在形成社会纽带和建构复杂社会结构时对情感的依赖。② 春节与家人团圆、国富民强、风调雨顺等正向情感相联系，这是中国人无论如何都要回到家乡共度春节的内在逻辑所在，也是使用手机进行情感表达的内在逻辑。情感体验是仪式形成的直接驱动力③，正面情绪会促进仪式活动和仪式感形成。④ 基于以上分析，本研究继续提出以下假设：

H3：春节期间使用手机获得的信息价值（H3a）、社交价值（H3b）、情感价值（H3c）与仪式感正相关。

利用手机获取信息是常见的行为。获取有价值的信息是用户参与虚拟社区的一个重要需求⑤，信息需求的满足不仅影响认知，还会直接影响用户的参与感⑥。社交媒体也可以成为实现信息获取、情感表达、身份认同构建的独特方式。⑦ 社交网络的互动对节日参与有很大影响⑧，使用社交媒体会改善或促进人

①　ISBELL L M. Not all happy people are lazy or stupid：evidence of systematic processing in happy moods. Journal of experimental social psychology，2004，40（3）：341 – 349.

②　［美］乔纳森·特纳、简·斯戴兹著，刘俊才、文军译：《情感社会学》，上海：上海人民出版社，2007年，第5 – 8页。

③　WELLMAN J K, Jr, CORCORAN K E, STOCKLY-MEYERDIRK K. God is like a drug…：explaining interaction ritual chains in American megachurches. Sociological forum，2014，29（3）：650 – 672.

④　BOYER P, LIÉNARD P. Why ritualized behavior? Precaution systems and action parsing in developmental, pathological and cultural rituals. Behavioral and brain sciences，2006，29（6）：595 – 613.

⑤　BALDUS B J, VOORHEES C, CALANTONE R. Online brand community engagement：scale development and validation. Journal of business research，2015，68（5）：978 – 985.

⑥　RAY S, KIM S S, MORRIS J G. The central role of engagement in online communities. Information systems research，2014，25（3）：528 – 546.

⑦　WANG Z, TCHERNEV J M, SOLLOWAY T. A dynamic longitudinal examination of social media use, needs, and gratifications among college students. Computers in human behavior，2012，28（5）：1829 – 1839. BACK M D, STOPFER J M, VAZIRE S, et al. Facebook profiles reflect actual personality, not self-idealization. Psychological science，2010，21（3）：372 – 374. HUM N J, CHAMBERLIN P E, HAMBRIGHT B L, et al. A picture is worth a thousand words：a content analysis of Facebook profile photographs. Computers in human behavior，2011，27（5）：1828 – 1833. LEUNG L. Generational differences in content generation in social media：the roles of the gratifications sought and of narcissism. Computers in human behavior，2013，29（3）：997 – 1006.

⑧　HUDSON S, ROTH M S, MADDEN T J, et al. The effects of social media on emotions, brand relationship quality, and word of mouth：an empirical study of music festival attendees. Tourism management，2015，47：68 – 76.

际关系。① 通过社交媒体频繁分享节日文化体验有助于增强并延续参与感。② 所以我们发现，春节期间，通过手机的社交行为，包括打电话、发短信、发语音、在线视频，以及发微信、发微博、刷抖音等，会促进人际交往，增强节日参与感。特定情感会引发参与需求。兴奋感、愉悦感和童年快乐记忆会加强参与仪式的意愿。③ 春节期间，用户通过使用手机获取的家人团聚的亲情、童年回忆的怀旧表达等都会促进用户参与到一年一度的春节节庆。基于以上分析，本研究继续提出以下假设：

H4：春节期间手机使用获得的信息价值（H4a）、社交价值（H4b）、情感价值（H4c）与参与感正相关。

（三）仪式理论

仪式（ritual）是指一种有重复模式、规律的系列活动④。关于它的研究肇始于人类学领域，20 世纪后期开始，仪式理论在文化人类学、社会学、心理学等领域广泛运用⑤。在不同情境中出现不同的仪式研究进路，比如戈夫曼的"互动仪式"理论，被运用到广播传播领域⑥、基于信息传播技术的互动⑦、移动传播领域⑧。

仪式不仅可以改善人际关系，还可以帮助人们认知客观世界⑨，具有标识

---

① COYNE S M, PADILLA-WALKER L M, HOWARD E. Emerging in a digital world：a decade review of media use, effects, and gratifications in emerging adulthood. Emerging adulthood, 2013, 1 (2)：125 – 137.

② ORGAN K, KOENIG-LEWIS N, PALMER A, et al. Festivals as agents for behaviour change：a study of food festival engagement and subsequent food choices. Tourism management, 2015, 48：84 – 99.

③ MALONEY P. Online networks and emotional energy：how pro-anorexic websites use interaction ritual chains to (re) form identity. Information, communication & society, 2013, 16 (1)：105 – 124.

④ ROOK D W. The ritual dimension of consumer behavior. Journal of consumer research, 1985, 12 (3)：251 – 264.

⑤ BELL C M. Ritual：perspectives and dimensions. Oxford University Press on Demand, 1997.

⑥ MEYROWITZ J. No sense of place：the impact of electronic media on social behavior. Oxford University Press, 1986.

⑦ HÖFLICH J R. Mensch, computer and kommunikation, 2010.

⑧ LING R S. New tech, new ties. Cambridge, MA：MIT Press, 2008.

⑨ 冉雅璇等：《心理学视角下的人类仪式：一种意义深远的重复动作》，《心理科学进展》2017 年第 11 期。

群体身份、维持群体凝聚力等社会功能①。仪式还有利于形成身份融合与群体认同，实现个体自我与社会自我的融合，激发亲群体行为②，有利于自我对社会规范的认同③。可见，春节仪式容易促使个体自我与客我相融合，在亲群体行为中实现自我对文化的联结感，强化对春节文化的认同。

随着媒介在社会文化的功能凸显，媒介使用会产生"介质导向的仪式"（mediated ritual）。20 世纪 80 年代凯瑞提出传播的仪式观，将传播的仪式表述为"建构并维系一个有秩序、有意义，能够用来支配和容纳人类行为的文化世界"④。在这种新的传播仪式（media rituals）中，"一对多"的媒介仪式被广泛讨论⑤，"一对多"的移动传播也被认为是一种新的人际仪式。⑥ 媒介仪式有着与传统仪式一样的功能：有利于强化集体参与、团体意识、群体身份和社会互动的维持。⑦ 而春节仪式的传播形式被认为正从群体仪式向媒介仪式转变。⑧

春节作为中国传统节庆保留大量仪式传统。滕尼斯把传统社会称为"礼俗社会"，这种社会交往是具有高度的仪式性、形式化、义务性的"仪式性交往"。而中国传统社会重"礼治"在中国传统社会秩序维度上的作用。⑨ 春节作为一场集体仪式，本身就是高度仪式化的活动，具有一系列的仪式行为，如贴春联、守岁、拜长辈、访亲友、迎财神、祭祀祖先等。仪式本身会强化人的仪

① LEGARE C H, NIELSEN M. Imitation and innovation：the dual engines of cultural learning. Trends in cognitive sciences，2015，19（11）：688 – 699. WATSON-JONES R E, LEGARE C H. The social functions of group rituals. Current directions in psychological Science，2016，25（1）：42 – 46.

② SWANN W B, Jr, JETTEN J, GÓMEZ Á, et al. When group membership gets personal：a theory of identity fusion. Psychological review，2012，119（3）：441.

③ SWANN W B, Jr, GÓMEZ Á, DOVIDIO J F, et al. Dying and killing for one's group：identity fusion moderates responses to intergroup versions of the trolley problem. Psychological science，2010，21（8）：1176 – 1183.

④ ［美］詹姆斯・W. 凯瑞著，丁未译：《作为文化的传播》，北京：华夏出版社，2005 年，第 9 页。

⑤ 比如，丹尼尔・戴扬，伊莱休・卡茨著，麻争旗译：《媒介事件》，北京：北京广播学院出版社，2000 年。

⑥ 比如 LING R S. New tech, new ties：how mobile communication is reshaping social cohesion. Cambridge, MA：MIT Press, 2008.

⑦ LING R S. The mediation of ritual interaction via the mobile telephone. Handbook of mobile communication studies，2008：165.

⑧ 樊亚平、程浩：《媒介重构：春节习俗的变与不变》，《当代传播》2019 年第 2 期。

⑨ 费孝通：《乡土中国》，北京：人民出版社，2015 年。

式感体验。① 在这种仪式化情境下，获取越多关于春节的起源、饮食、仪式、民俗活动等信息，便越可能理解春节的意义，越容易认同春节的家人团聚、文化传承、民族凝聚。基于以上分析，本研究继续提出以下假设：

H5：春节期间的仪式感与春节参与感正相关；

H6：春节期间的仪式感与春节文化联结（H6a）、文化价值识别（H6b）、传统与习俗保留（H6c）正相关。

（四）参与理论

参与是一种广泛的现象，正如亨利·詹金斯所说的，如今大量争论的核心都围绕着"参与感"这个日渐流行起来的关键词。② 它描述了用户对媒体的关注与介入，由心理和行为双重体验共同构成。③ 参与意味着共同在场（co-presence），手机使用营造用户共同在场，用户的行为容易被他人感知，他人也感知自己这种被感知的感觉，从而形成戈夫曼所说的共同在场。随着媒介技术的发展，在场由最初的"虚拟在场"变成一种"无媒介感的错觉"④，即"人们在以媒体为中介的传播环境下，被看作是'真实的人'的程度"⑤。在虚拟环境中用户获得的"身临其境"的沉浸式体验更证实这种在场感，而在场感通过一致性和认知机制影响行为和主观状态。⑥

互动被认为是用户参与的显著特征之一。⑦ 有意识的互动活动被认为是文

---

① NORTON M I, GINO F. Rituals alleviate grieving for loved ones, lovers, and lotteries. Journal of experimental psychology: general, 2014, 143（1）: 266. SCHROEDER J, RISEN J, GINO F, et al. Handshaking promotes cooperative dealmaking. Harvard Business School NOM Unit working paper, 2014: 14 – 117.

② ［美］亨利·詹金斯、［日］伊藤瑞子、［美］丹娜·博伊德著，高芳芳译：《参与的胜利：网络时代的参与文化》，杭州：浙江大学出版社，2017年，第1页。

③ NAPOLI P M. Audience evolution: new technologies and the transformation of media audiences. New York: Columbia University Press, 2011.

④ LOMBARD M, DITTON T B, CRANE D, et al. Measuring presence: aliterature-based approach to the development of a standardized paper-and-pencil instrument. The Third International Presence Workshop. Delft, The Netherlands, 2000.

⑤ GUNAWARDENA C N. Social presence theory and implications for interaction and collaborative learning in computer conferences. International journal of educational telecomunications, 1995, 1（213）: 147 – 166.

⑥ MARSHALL D A. Behavior, belonging, and belief: a theory of ritual practice. Sociological theory, 2002, 20（3）: 360 – 380.

⑦ DEUZE M. The web and its journalisms: considering the consequences of different types of newsmedia online. New media & society, 2003, 5（2）: 203 – 230.

化认同形成的重要动力。[①] 互联网和手机技术等互动媒介系统的兴起赋予我们思考社会互动机制的新因素，它们改变、调整，甚至取代面对面的社会互动，手机在社会互动中发挥举足轻重的作用。[②] 作为互联网时代的新型人际协作方式[③]，互动能够让用户主动参与[④]。在互动中，人际及群际的文化元素的扩散会改变个人的文化认知，推动群体成员共享现实的形成。[⑤] 实质上，用户参与意味着携带一定的符号与规则参与到春节文化实践，进而形成两者互动，彼此影响。嵌入理论能很好地描述这种现象。嵌入理论（embeddedness theory）揭示个体行为嵌入与他人互动所形成的关系网络与社会结构之中，并受其人际关系、社会文化、价值因素的影响。[⑥] 基于以上分析，本研究最后提出以下假设：

H7：春节期间的参与感与春节文化联结（H7a）、文化价值识别（H7b）、传统与习俗保留（H7c）正相关。

基于以上理论阐释及假设推演，本研究得到如下图 4 - 1 的理论框架。

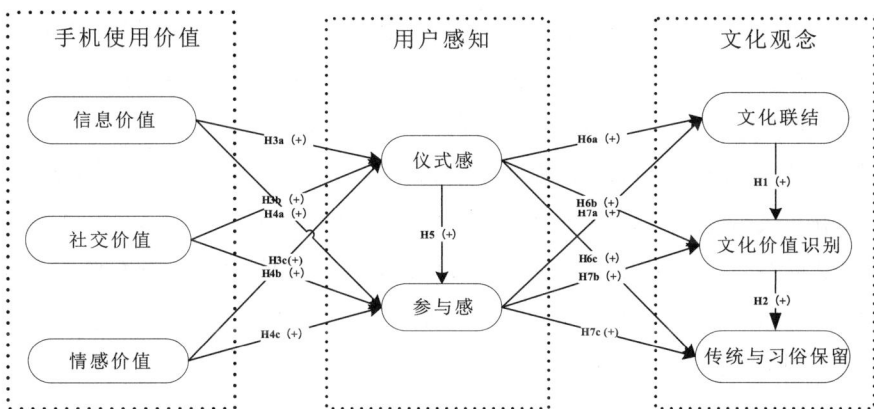

图 4 - 1 理论框架

① FERGUSOM G M，NGUYEN J，ITURBIDE M I. Playing up and playing down cultural identity：introducing cultural influence and cultural variability. Cultural diversity and ethnic minority psychology，2017，23（1）：109.

② LING R S. 13 the mediation of ritual interaction via the mobile telephone. Handbook of mobile communication studies，2008：165.

③ SHIRKY C. Cognitive surplus：creativity and generosity in a connected age. Penguin UK，2010.

④ KSIAZEK T B，PEER L，LESSARD K. User engagement with online news：conceptualizing interactivity and exploring the relationship between online news videos and user comments. New media & society，2016，18（3）：502 - 520.

⑤ 张楠、彭泗清：《文化混搭下的文化变迁研究——过程和影响的探究》，《中国社会心理学评论》2015 年第 1 期。

⑥ GRANOVETTER M. The sociology of economic life. Routledge，2018.

三、研究方法

（一）研究设计与数据收集

本研究首先采用预调查检验概念模型，采用在线调查的方法，该方法能预测行为，并检验变量与结构之间的关系①。由于本研究中的模型是整合的，包括许多难以用其他方法衡量的社会变量，例如案例研究法或实验法。因此，本研究认为调查法是当前研究的合适方法。②

本研究的调查对象是智能手机用户，本研究通过对智能手机用户进行在线调查来收集数据。本文构念的原文献是英文的，而调查是在中国内地（大陆）实施的，因此问卷的量表通过翻译和反向翻译最终确定。首先，一个研究者将问卷量表从英语翻译到中文，然后另一个研究者将其从中文翻译到英语。通过比较两个英文版本的量表，解决因翻译造成的不一致问题，提高问卷的质量。此外，本研究邀请了包括教授、博士生在内的从事传播学、信息管理的两位专家，对调查问卷进行修改检查，完善调查问卷的措辞，评估逻辑一致性，判断其易解性，并确定有待改进的地方。总体而言，调查问卷较简洁且易于完成。

在正式调查中，研究人员于春节期间（农历正月初一至十五），有针对性地发放问卷，考虑的因素包括城市与农村、学生与工作，不同文化程度、不同性别等。然后，受访者以滚雪球的方式请他们的亲朋好友填写这份问卷，并将问卷发到不同的微信群和朋友圈。为了接近本研究的目标用户，受访者会被问及是否有使用智能手机进行信息查询及社交的经验。这种方法旨在找到最适合调查对象的筛查问题。③

据此，本研究收集到 379 份问卷。本研究设计了最后一个问题，即是否仔细阅读和填写了问卷，结果 22 个被调查者选择了"不"，所以本研究最终获得 357 份有效问卷。本调查研究可能存在无反应偏差，偏差原因来自非受访者和

① NEWSTED P R, HUFF S L, MUNRO M C. Survey instruments in information systems. MIS quarterly, 1998, 22 (4)：553 – 554.

② ZHANG J, LEE J W. Enhanced kinetics of co2 hydrate formation under static conditions. Industrial & engineering chemistry research, 2009, 48 (13)：5934 – 5942.

③ CHEUNG C M, LEE M K. Understanding the sustainability of a virtual community：model development and empirical test. Journal of information science, 2009, 35 (3)：279 – 298.

被调查者之间的显著差异。因此本研究借鉴先前的研究①，比较了前50名和最后50名的人口统计数据。这种近似方法认为后50名受访者是无反应者的代表②，结果表明无显著差异。因此，无反应偏差问题并不严重。

如表4-1所示，样本中有42.6%的男性受访者和57.4%的女性受访者。86.8%的受访者年龄在18~35岁之间，拥有学士及以上学位的占76.7%。本研究样本的人口学特征基本与皮尤研究中心最近的一项调查"社交媒体用户的人口统计"的结果相似。

表4-1 样本信息

		数量（$n=379$）	
		频数	占比（%）
性别	男	152	42.6
	女	205	57.4
年龄	<18	8	2.2
	18~25	257	72.0
	26~35	53	14.8
	36~45	24	6.7
	>45	15	4.2
教育背景	高中及以下	38	10.6
	大专	45	12.6
	本科	195	54.6
	硕士及以上	79	22.1

---

① AL-QIRIM N. A research trilogy into e-commerce adoption in small businesses in New Zealand. Electronic markets, 2007, 17 (4): 263-285.

② KARAHANNA E, STRAUB D W, CHERVANY N L. Information technology adoption across time: a cross-sectional comparison of pre-adoption and post-adoption beliefs. MIS quarterly, 1999: 183-213.

（续上表）

		数量（$n=379$）	
		频数	占比（%）
薪资 （元/月）	≤2 000	216	60.5
	2 001～4 000	46	12.9
	4 001～8 000	38	10.6
	8 001～12 000	31	8.7
	>12 000	26	7.3
职业	学生	245	68.6
	上班族	88	24.6
	自由职业者	11	3.1
	其他	13	3.6
互联网经验	<1 年	9	2.5
	1～3 年	65	18.2
	3～5 年	66	18.5
	5～8 年	76	21.3
	>8 年	141	39.5
日常使用网络频率	2 小时以下	26	7.3
	2～4 小时	109	30.5
	4～6 小时	124	34.7
	6 小时以上	98	27.5

（二）变量测量

研究模型中所有的概念均用多项目的量表进行测量，量表为前人研究中已被证实的成熟量表。同时，对量表作出微小调整以确保其在春节情境的表面效度。借鉴一些学者（Chavanat, Martinent & Ferrand, 2009）的做法，本研究采用 6 点量表进行测量，1 表示"完全不同意"，6 表示"完全同意"。使用 6 点量表可以有效阻止中国调查对象选择中立或是矛盾的中间点（例如 5 点量表中的"3"或是 7 点量表中的"4"）。

1. 因变量

本研究依据 Andy S. Choi、Franco Papandrea、Jeff Bennett 三人设计的文化价值观量表①，该量表主要由文化联结度、文化价值识别度、传统与习俗保留程度三部分构成。文化联结度主要指用户与文化的联结感知程度，共 5 个测项，即：①祖辈留下来的春节文化习俗对我很重要；②我们应当为后代保留更多的春节文化传统；③目前的春节传统应该留传给子孙后代；④春节文化传统必须成为我们生活的一部分；⑤子孙后代有权享受当下这些春节传统。文化价值识别度共 6 道题：①春节文化有助于重新认识自己；②春节文化传统让我感到更幸福；③年轻人需要了解春节文化；④我们需要关注春节文化传统；⑤拜年、春联等春节文化传统应该保留；⑥春节的观念、习俗等应该保留。传统与习俗的保留程度共 4 个测项，即：①我想了解祖母那一辈人春节期间的食物；②我想知道春节期间的传统服饰风格；③祖母那一辈人做的食物对我来说是重要的；④春节传统服饰对我来说是重要的。这 15 个项目的克隆巴赫系数（Cronbach's Alpha）达到 0.708，说明他们具有较高的内在一致性。

2. 自变量

自变量手机使用的测量依据 Ran Wei 和 Ven-Hwei-Lo 编制的手机使用量表②，主要由信息价值、社交价值和情感价值三部分构成。信息价值有 5 个测项：①可以查看春节美食；②能够保持与春节同步；③能够实时查看春节习俗；④可以查看春节新闻；⑤能够了解春节消费和娱乐信息。社交价值有 3 个测项：①通过电话聊天可以缓解无聊；②可以用于拜年与新春祝福；③能够享受与人聊天的快乐。情感价值有 4 道题：①可以促进与亲朋好友的关系；②能够让家人更亲近；③可以让对方知道你在乎他们；④能够感受他人的祝福。手机使用这一变量所有项目的克隆巴赫系数达到 0.705。

3. 中介变量

中介变量主要有仪式感、参与感两个构念。选择它们作为中介变量的原因有二。一是参与感和仪式感作为中介因素，被较广泛地运用于信息管理、市场营销、心理学等领域。比如，参与感被普遍认为是一种增加使用评价信息的手

---

① CHOI A S, PAPANDREA F, BENNETT J. Assessing cultural values: developing an attitudinal scale. Journal of cultural economics, 2007, 31 (4): 311 – 335.

② WEI R, LO V H. Staying connected while on the move: cell phone use and social connectedness. New media & society, 2006, 8 (1): 53 – 72.

段，在评价决策中起中介作用；① 仪式被认为是一种能够处理负面情绪的方式，② 因为当人们需要重新建立控制感时，会更倾向于仪式与期望结果之间产生关联。在营销领域，零售商通过增加仪式感来提升消费者体验。③ 二是根据对中国传统节日这一情境的考量。有研究表明，节日是仪式感的主要来源之一。④ 手机使用者参与过春节这一具有仪式感的一系列流程，从中体验到了独特的价值，这种体验价值使得该活动区别于其他活动，给受众留下深刻印象。⑤ 通过感受仪式感，丰富了体验，甚至可以通过独特体验感受到富有内涵的文化和价值观。根据刺激—机体—反应模型（S-O-R），人们的内在状态（或机体）受到环境刺激后会对其行为产生作用，也就是说，环境刺激会影响人们的内在状态从而激发他们的行为反应。S-O-R 模型由刺激物类型、中间变量、反应类型三要素构成。在本研究中，手机使用所呈现的内容可视为一种环境刺激，参与感与仪式感是中介变量，而形成的文化观点则是一种反应。仪式感依据 Larry Neale、Richard Mizerski、Alvin Lee 的量表⑥，主要有 7 个测项，即：①贴春联或放鞭炮是一件有仪式感的事；②买年货或备年夜饭是一件有仪式感的事；③守岁是一件有仪式感的事；④穿喜庆服饰是一件有仪式感的事；⑤走亲访友是一件有仪式感的事；⑥看春晚是一件有仪式感的事；⑦收发红包（包括微信红包）是一件有仪式感的事。仪式感这一变量所有项目的克隆巴赫系数达到0.757。参与感依据 Judith Lynne Zaichkowsky 的量表⑦，主要有 4 个测项，即：①我会品尝各种春节传统食物（如年糕、饺子）；②我会和亲朋好友聊春节趣

① TURNBULL B. The mediating effect of participation efficacy on evaluation use. Evaluation & program planning, 1999, 22 (2): 131–140.

② LEGARE C H, SOUZA A L. Searching for control: priming randomness increases the evaluation of ritual efficacy, 2014, 38 (1).

③ BRADFORD T W, SHERRY J F. Orchestrating rituals through retailers: an examination of gift registry. Journal of retailing, 2013, 89 (2): 158–175.

④ ROOK D W. The ritual dimension of consumer behavior. Journal of consumer research, 1985, 12 (3): 251.

⑤ BRADFORD T W, SHERRY J F. Orchestrating rituals through retailers: an examination of gift registry. Journal of retailing, 2013, 89 (2): 158–175.

⑥ NEALE L, MIZERSKI R, LEE A. Measuring consumer rituals: a marketing application// Proceedings of the American marketing association winter educators' conference: marketing the organization and its products and services. American marketing association, 2008.

⑦ ZAICHKOWSKY J L. Measuring the involvement construct. Journal of consumer research, 1985, 12 (3): 341–352.

事；③我会搜索春节的相关信息；④我会向老一辈学习春节传统。参与感这一变量所有项目的克隆巴赫系数达到 0.719。

在没有随机分配的情况下进行的在线调查可能会增加系统个体差异的可能性，从而影响结果。因此，本研究包括一般控制变量，用以衡量手机使用的特征，如性别、教育程度、职业和收入。此外，智能手机及互联网使用经验也被纳入考虑范围。

因所有的答案都是由相同的受访者从一份调查问卷中收集的，共同方法偏差问题可能会影响研究的有效性[①]。本研究首先采用哈曼单因子检验[②]，集中探索八个概念性关键变量信息价值、社交价值、情感价值、仪式感、参与感、文化联结、文化价值识别和传统与习俗保留。结果表明，没有一个单一的因素解释所有方差，其中最大公因子的方差解释百分比为 31.65%，说明共同方法偏差的影响不显著。其次，进一步将方法因子纳入到本研究的假设模型中，并允许所有构念指标与该因子相关联[③]。结果表明（见表 4-2），所有实质性因子载荷均较高，且显著（平均 0.800，最低 0.705），而方法因子载荷均较低，且不显著（平均 0.036，最高 0.268）。该指标的实质性因子解释方差的均值为 0.692，而方法因子的均值为 0.006，两者比值约为 115∶1。此外，大多数方法因子载荷都是不显著的，可见共同方法偏差问题影响甚小。

---

① PODSAKOFF P M, MACKENZIE S B, PODSAKOFF N P, et al. The mismeasure of management and its implications for leadership research. Leadership quarterly, 2003, 14（6）: 615–656.

② PODSAKOFF P M, ORGAN D W. Self-reports in organizational research: problems and prospects. Journal of management, 1986, 12（4）: 531–544.

③ LIANG H, SARAF N, HU Q, et al. Assimilation of enterprise systems: the effect of institutional pressures and the mediating role of top management. MIS quarterly, 2007: 59–87.

表4-2 共同方法偏差分析

构念	指标	实质性因子载荷（R_1）	R_1^2	方法因子载荷（R_2）	R_2^2
信息价值	ING1	0.749***	0.561	0.052	0.003
	ING2	0.708***	0.501	0.020	0.000
	ING3	0.812***	0.659	0.268**	0.072
	ING4	0.779***	0.607	0.000	0.000
	ING5	0.750***	0.563	0.015	0.000
社交价值	SNG1	0.866***	0.750	0.123	0.015
	SNG2	0.814***	0.663	0.038	0.001
	SNG3	0.835***	0.697	0.014	0.000
情感价值	ENG1	0.827***	0.684	-0.034	0.001
	ENG2	0.757***	0.573	0.022	0.000
	ENG3	0.831***	0.691	0.054	0.003
	ENG4	0.806***	0.650	0.051	0.003
仪式感	SR1	0.773***	0.598	0.013	0.000
	SR2	0.758***	0.575	0.037	0.001
	SR3	0.781***	0.610	0.139*	0.019
	SR4	0.803***	0.645	0.031	0.001
	SR5	0.770***	0.593	0.064	0.004
	SR6	0.742***	0.551	0.043	0.002
	SR7	0.729***	0.531	0.045	0.002
参与感	SE1	0.720***	0.518	-0.070	0.005
	SE2	0.813***	0.661	0.032	0.001
	SE3	0.835***	0.697	0.061	0.004
	SE4	0.829***	0.687	-0.080	0.006

（续上表）

构念	指标	实质性因子载荷（R_1）	R_1^2	方法因子载荷（R_2）	R_2^2
文化联结	CC1	0.834***	0.696	0.033	0.001
	CC2	0.855***	0.731	0.009	0.000
	CC3	0.883***	0.780	0.023	0.001
	CC4	0.798***	0.637	0.000	0.000
	CC5	0.812***	0.659	0.135	0.018
文化价值识别	CI1	0.813***	0.661	0.076	0.006
	CI2	0.785***	0.616	0.056	0.003
	CI3	0.846***	0.716	0.000	0.000
	CI4	0.868***	0.753	0.041	0.002
	CI5	0.807***	0.651	0.011	0.000
	CI6	0.705***	0.497	0.054	0.003
传统与习俗保留	CR1	0.823***	0.677	0.004	0.000
	CR2	0.781***	0.610	−0.076	0.006
	CR3	0.807***	0.651	0.018	0.000
	CR4	0.835***	0.697	0.034	0.001
均值		0.800	0.641	0.036	0.005

注：*$p < 0.01$，**$p < 0.05$，***$p < 0.001$。

四、数据分析和假设检验

本研究的描述性统计分析和结构方程模型分析分别采用 SPSS 24.0 和 SmartPLS 3.0（偏最小二乘法软件）对数据进行分析。PLS 是一种基于结构方程的建模方法，与基于协方差的结构方程建模工具（如 LISREL）相比，PLS 不需要正态分布①。SmartPLS 能够为潜在构念制定形成型模型，且模型验证的要求更少②。因此，本研究采用 PLS 方法，并遵循两个步骤来验证该研究模型，即测量模型和结构模型③。

（一）测量模型

首先采用验证性因子分析（CFA）来评估模型构建的有效性。本研究使用单项目载荷和平均提取方差值（AVE）来检验其组合效度。所有测量子项目都有较好的收敛效度，所有标准载荷值均已超过 0.7 这一期望值④。

此外，表 4 - 3 显示构念的范围内的平均提取方差值介于 0.525 ~ 0.796 之间，均超出建议值 0.5⑤。本研究采用组成信度（CR）和克隆巴赫系数法用以检测结构可靠性。组成信度值介于 0.801 ~ 0.951 之间，高于 0.7 的基准值。克隆巴赫系数值介于 0.716 ~ 0.936 之间，高于 0.7 的阈值。结果表明，本研究的测度模型可信度较高。

表 4 - 3　验证性因子分析结果

构念	项目数	克隆巴赫系数	组成信度	平均提取方差值
信息价值（ING）	5	0.820	0.874	0.581
社交价值（SNG）	4	0.716	0.801	0.579
情感价值（ENG）	4	0.839	0.892	0.673

---

① CHIN W W. The partial least squares approach for structural equation modeling//GA M (ed.). Reference 99 modern methods for business research. Mahwah, NJ: Lawrence Erlbaum Associates. 1998: 295 - 336.

② TAMJIDYAMCHOLO A, GHOLIPOUR R, BABA M S B, et al. Information security professional perceptions of knowledge-sharing intention in virtual communities under social cognitive theory. Research and innovation in information systems (ICRIIS). In 2013 International Conference on, IEEE, 2013: 416 - 421.

③ HAIR J F, ANDERSON R E, TATHAM R L, et al. Multivariate data analysis. 5th edition. NY: Prentice Hall International, 1998.

④ ZELLER R A, CARMINES E G. Measurement in the social sciences: the link between theory and data. Measurement in the social sciences, 1980.

⑤ FORNELL C, LARCKER D F. Evaluating structural equation models with unobservable variables and measurement error. Journal of marketing research, 1981, 18 (1): 39 - 50.

（续上表）

构念	项目数	克隆巴赫系数	组成信度	平均提取方差值
仪式感（SR）	7	0.846	0.884	0.525
参与感（SE）	4	0.824	0.884	0.658
文化联结（CL）	5	0.936	0.951	0.796
文化价值识别（PTC）	6	0.876	0.912	0.677
传统与习俗保留（RCV）	4	0.883	0.909	0.597

　　此外，研究通过比较平均提取方差值的平方根与结构之间的相关性，对区分效度进行了评估。如表4-4所示，对角线行中所有构念的平方根大于构念之间的相关系数。为了进一步验证测量的有效性，本研究构建了一个多元交叉载荷表[①]。由表4-4可见，表中每个因子载荷都比其他构念高得多，足以保证组合效度和区分效度。

　　如表4-4所示，两个相关系数值均在0.6以上，表明可能存在多重共线性。随后，通过分析方差膨胀因子（VIF）和公差值来检测多重共线性。判断多重共线性的存在与否，需要确定以下两种情况：①一个方差膨胀因子值在10以上；②或者公差值低于0.1[②]。分析结果显示，方差膨胀因子最高值是1.834。因此，多重共线性问题在本研究中的影响可以忽略不计。

表4-4　均值、标准差及相关系数

变量	均值	标准差	1	2	3	4	5	6	7	8
信息价值	3.752	1.497	**0.762**							
社交价值	4.700	1.195	0.326	**0.761**						
情感价值	4.522	1.216	0.300	0.667	**0.820**					
仪式感	4.971	1.060	0.394	0.406	0.394	**0.725**				

---

　　①　GEFEN D, STRAUB D, BOUDREAU M C. Structural equation modeling and regression: guidelines for research practice. Communications of the association for information systems, 2000, 4 (1): 7.

　　②　MASON C H, PERREAULT W D, Jr. Collinearity, power, and interpretation of multiple regression analysis. Journal of marketing research, 1991, 28 (3): 268.

（续上表）

变量	均值	标准差	1	2	3	4	5	6	7	8
参与感	4.349	1.243	0.441	0.215	0.333	0.578	**0.811**			
文化联结	4.887	1.163	0.368	0.288	0.313	0.544	0.564	**0.892**		
文化价值识别	4.827	1.167	0.375	0.316	0.316	0.590	0.512	0.678	**0.823**	
传统与习俗保留	4.288	1.381	0.374	0.283	0.317	0.541	0.632	0.607	0.650	**0.773**

注：对角线粗体数值为平均提取方差值的平方根。

（二）结构模型

图 4 - 2 呈现了本研究模型的总体解释能力、估计路径系数（所有重要路径都用星号表示）和研究模型中各路径的相关 T 值。路径显著性检测通过 Bootstrap 重复抽样的程序执行。

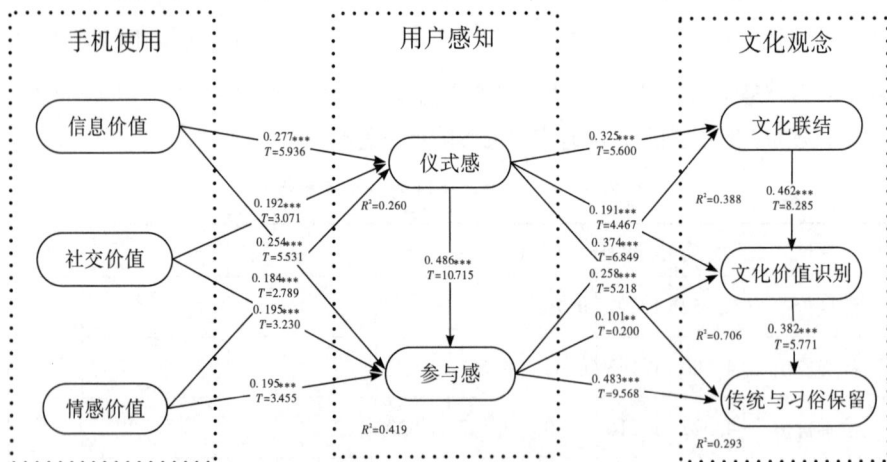

图 4 - 2　PLS 分析结果

如图 4 - 2 所示，外生变量（手机使用的信息价值、社交价值、情感价值）在研究模型中很好地解释了内生变量的方差（仪式感、参与感、文化联结、文化价值识别、传统与习俗保留）。具体来说，综合模型解释了文化价值识别方差

的 70.6% ，同时解释了文化联结方差的 38.8% 及传统与习俗保留方差的
29.3% 。所有研究假设都得到了显著的支持。

　　研究结果还表明，所有的路径系数均有统计学意义。文化联结对文化价值
识别有正向影响，其路径系数为 0.462 （H1 得到支持）；文化价值识别对传统
与习俗保留有正向影响，其路径系数为 0.382 （H2 得到支持）。手机使用的信
息价值、社交价值与情感价值到春节仪式感的路径系数分别为 0.277、0.192 和
0.184 （H3a、H3b 和 H3c 得到支持）；而手机使用的信息价值、社交价值与情
感价值到春节参与感的路径系数分别为 0.254、0.195 和 0.195 （H4a、H4b、
H4c 得到支持）；同上，用户的仪式感与参与感正相关，其路径系数为 0.486
（H5 得到支持）。仪式感对文化联结、文化价值识别和传统与习俗保留有正向
影响，其路径系数分别为 0.325，0.191 和 0.258 （H6a、H6b 和 H6c 得到支
持）；参与感对文化联结、文化价值识别和传统与习俗保留有正向影响，其路径
系数分别为 0.374，0.101 和 0.483 （H7a、H7b 和 H7c 得到支持）。研究结果显
示，所有控制变量均不显著，如性别 （$\beta = 0.04$，$p > 0.04$）、教育背景 （$\beta =$
0.04，$p > 0.04$）、职业 （$\beta = -0.02$，$p > -0.02$）、收入 （$\beta = 0.03$，$p > 0.03$）
和互联网经验 （$\beta = -0.05$，$p > 0.05$）。表 4 - 5 为假设检验结果汇总。

表 4 - 5　假设检验结果汇总

假设	结果
H1：春节文化联结→春节文化价值识别	支持
H2：春节传统与习俗保留→春节文化价值识别	支持
H3a：手机使用时获得的信息价值→春节仪式感	支持
H3b：手机使用时获得的社交价值→春节仪式感	支持
H3c：手机使用时获得的情感价值→春节仪式感	支持
H4a：手机使用时获得的信息价值→春节参与感	支持
H4b：手机使用时获得的社交价值→春节参与感	支持
H4c：手机使用时获得的情感价值→春节参与感	支持
H5：春节仪式感→春节参与感	支持
H6a：春节仪式感→春节文化联结	支持

（续上表）

假设	结果
H6b：春节仪式感→春节文化价值识别	支持
H6c：春节仪式感→春节传统与习俗保留	支持
H7a：春节参与感→春节文化联结	支持
H7b：春节参与感→春节文化价值识别	支持
H7c：春节参与感→春节传统与习俗保留	支持

作为事后分析（post-hoc Analysis），遵循中介效应分析流程[1]，本研究采用Boostrap 检验多个中介模型[2]，并借此来检验在本研究模型中"仪式感与参与感"的中介作用。这一程序尤其适用于较小样本量的研究[3]。为了检验多个中介模型的稳健性，本研究采用重复抽取 5 000 样本（model 4），采用 95% 的置信区间（CI 为置信区间；LL 为置信区间下限；UL 为置信区间上限）。

中介分析结果表明，首先，通过仪式感、参与感、文化联结和传统与习俗保留，手机使用时获得的信息价值对文化价值识别的总间接影响具有统计学意义（95% CI：LL = 0.219，UL = 0.354），效应量大小为 0.286。具体而言，通过仪式感（95% CI：LL = 0.028，UL = 0.083），手机使用时获得的信息价值对文化价值识别发挥间接影响，其效应量为 0.053；通过参与感（95% CI：LL = -0.060，UL = 0.004），手机使用时获得的信息价值对文化价值识别发挥间接影响，其效应量为 -0.025；通过文化联结（95% CI：LL = 0.112，UL = 0.214），手机使用时获得的信息价值对文化价值识别发挥间接影响，其效应量为 0.159；通过传统与习俗保留（95% CI：LL = 0.062，UL = 0.157），手机使用时获得的信息价值对文化价值识别发挥间接影响，其效应量为 0.099。

其次，通过仪式感、参与感、文化联结和传统与习俗保留，手机使用时获

---

[1]　ZHAO X, LYNCH J G, CHEN Q. Reconsidering Baron and Kenny: myths and truths about mediation analysis. Journal of consumer research, 2010, 37 (2): 197 – 206.

[2]　PREACHER K F, HAYES A F. Asymptotic and resampling strategies for assessing and comparing indirect effects in multiple mediator models. Behavior research methods, 2008, 40 (3): 879 – 891.

[3]　HAYES A F. Introduction to mediation, moderation, and conditional process analysis: a regression-based approach. New York, 2013.

得的社交价值对文化价值识别的总间接影响具有统计学意义（95% CI：LL = 0.175，UL = 0.361），效应量大小为 0.266。具体而言，通过仪式感（95% CI：LL = 0.030，UL = 0.099），手机使用时获得的社交价值对文化价值识别发挥间接影响，其效应量为 0.060；通过参与感（95% CI：LL = - 0.038，UL = 0.003），手机使用时获得的社交价值对文化价值识别发挥间接影响，其效应量为 - 0.011；通过文化联结（95% CI：LL = 0.076，UL = 0.205），手机使用时获得的社交价值对文化价值识别发挥间接影响，其效应量为 0.135；通过传统与习俗保留（95% CI：LL = 0.044，UL = 0.142），手机使用时获得的社交价值对文化价值识别发挥间接影响，其效应量为 0.083。

最后，通过仪式感、参与感、文化联结和传统与习俗保留，手机使用时获得的情感价值对文化价值识别的总间接影响具有统计学意义（95% CI：LL = 0.208，UL = 0.374），效应量大小为 0.289。具体而言，通过仪式感（95% CI：LL = 0.033，UL = 0.096），手机使用时获得的情感价值对文化价值识别发挥间接影响，其效应量为 0.060；通过参与感（95% CI：LL = - 0.051，UL = 0.006），手机使用时获得的情感价值对文化价值识别发挥间接影响，其效应量为 - 0.020；通过文化联结（95% CI：LL = 0.094，UL = 0.219），手机使用时获得的情感价值对文化价值识别发挥间接影响，其效应量为 0.154；通过传统与习俗保留（95% CI：LL = 0.056，UL = 0.155），手机使用时获得的情感价值对文化价值识别发挥间接影响，其效应量为 0.095。这些结果证实了仪式感、参与感、文化联结和传统与习俗保留在研究模型中发挥重要的中介作用。

五、结论与讨论

（一）主要发现及讨论

本研究立足于春节情境研究手机使用对春节文化观念的影响，检视了春节期间手机使用对春节的文化联结感、传统与习俗保留、文化价值识别等问题。研究发现，手机使用的信息寻求、社交效能和情感需要对春节文化观念产生影响，而这种影响受到仪式感、参与感不同程度的中介作用。由此，研究延伸了移动传播的效果理论，有助于从不同角度理解手机使用在文化观念形成中的影响及其复杂的中介作用机制，为春节文化观念的生产与变化提供了媒介维度和心理动因层面的经验性解释。

　　首先，春节期间的手机使用对用户的春节文化观念起到了正向预测作用。春节期间的手机使用对用户的春节文化观念产生了积极的影响。根据本研究的PLS分析结果可知手机使用可以解释 70.6% 的春节文化认同。我们从数据中发现，春节期间的手机使用会促进文化与自身的联结感，促进保留春节文化的意愿，并提升人们对春节文化的认同，可见春节期间手机使用与春节文化观念具有正相关关系。手机使用时获得的信息价值、社交价值和情感价值越高，用户的春节文化观越正向。我们发现，虽然技术本身无法决定社会文化的变化，但它为更多可能性提供了条件。人们的时间、空间、文化、身份和民族，在新媒体技术中处理，或者被处理。① 不过也有研究认为，手机使用削弱了春节文化。有学者从媒介特性出发，认为 ICTs（信通技术）被视为个人自由、包容、平等主义以及个人和群体之间多维互动的象征②。基于此，有研究认为新的通信技术会威胁文化保护。③ 春节期间的微信红包被认为会弱化家族等级观念，解构春节的神圣性④，无法实现长辈对晚辈的关爱情怀和长幼有序的文化认知⑤。本研究更新了这种认知，研究发现，在影响春节文化观念的媒介机制中，手机使用并不一定导致春节文化认知的"弱化"或"解构"。这其中的原因，可能在于手机使用的方式和态度。本研究中的手机使用旨在追求信息价值、社交价值与情感价值，通过这三种价值的手机使用更可能与春节文化观念呈现正相关。

　　其次，参与感和仪式感是手机使用作用于春节文化态度的中介效应。研究结果表明，春节期间参与感和仪式感对用户的春节文化态度具有正向影响，参与感和仪式感越高，用户对春节文化的联结度、传统与习俗的保留程度和文化价值识别度越高。我们的研究符合卡尔·霍夫兰等证明的积极参与有助劝服实现的观点。⑥ 在用户的春节文化的影响机制中，手机使用是重要因素，但它是

---

　　①　KATZ J E, AAKHUS M A. 19 Conclusion: making meaning of mobiles—a theory of Apparatgeist. Perpetual contact, 2002: 301.

　　②　WELLMAN B, HAYTHORNTHWAITE C (eds.). The internet in everyday life. John Wiley & Sons, 2008.

　　③　MESCH G, TALMUD I. 23 Cultural differences in communication technology use: adolescent Jews and Arabs in Israel. Handbook of mobile communication studies, 2008: 313.

　　④　张放：《微信春节红包在中国人家庭关系中的运作模式研究——基于媒介人类学的分析视角》，《南京社会科学》2016 年第 11 期。

　　⑤　郭强：《传统节日的文化传承——以春节为例》，《文化软实力研究》2018 年第 3 期。

　　⑥　[美] 卡尔·霍夫兰、[美] 欧文·贾尼斯、[美] 哈罗德·凯利著，张建中、李雪晴、曾苑等译：《传播与劝服：关于态度转变的心理学研究》，北京：中国人民大学出版社，2015 年。

否起作用，关键在于用户的参与感和仪式感。也就是说，如果不培育较高的参与感和仪式感，即使用户手机使用的程度较高，它也只能是影响春节文化观念程度的一般变量，而未必会从实质上推动用户对春节文化观念程度。从这里也可以发现，春节期间的手机内容与传播要注重用户的参与感，加强内容接受的仪式感，能够提升用户对春节文化的联结度、文化价值识别度及传统与习俗保留程度。

最后，手机使用时获得的信息价值的显著性高于社交价值和情感价值。根据本研究的 PLS 分析结果可知手机使用时获得的信息价值对仪式感（$p = 0.280$）和参与感（$p = 0.380$）的影响更为显著，超过社交价值及情感价值对仪式感（$p = 0.147$ 和 $p = 0.212$）和参与感（$p = -0.09$ 和 $p = 0.264$）的影响。这其中的原因可能有：一是春节期间人们对社交价值和情感价值的诉求更多通过在现实空间与亲人面对面交谈、走亲访友的习俗中实现，而通过手机使用获取的感受不是那么强烈；二是手机依赖造成社交价值与情感价值的边际递减效应。有研究揭示，因手机依赖而无法减少或停止使用手机[1]，会出现闲暇无聊感[2]。因手机依赖将手机使用异化为一种"惯性"，手机使用变成习惯性行为，而非目标性。因为媒介消费行为不一定是动机驱动或目标导向的。Rubin（1984）在分析电视收视动机时证实了习惯性（habitual）和意向性（intentional）收视共同存在。[3] 而实际上，这种习惯性的使用会造成效果折扣。信息搜索被认为是一种高水平的互动形式[4]，因为其更多是一种主动、意向性的行动，更为集中、系统，这种感知是通过个人与信息环境或系统的机会主义接触中的互动来激活的。[5] 利用手机进行信息获取，在基于信息的说服范式中，强有力的、有说服

① SHIH D H, CHEN C C, CHIANG H S, et al. Explore dependency syndrome on mobile phone user. International journal of mobile communications, 2012, 10 (5)：475 – 489.

② LIN C H, LIN S L, WU C P. The effects of parental monitoring and leisure boredom on adolescents' internet addiction. Adolescence, 2009, 44 (176)：993 – 1004.

③ RUBIN A M. Ritualized and instrumental television viewing. Journal of communication, 1984, 34 (3)：67 – 77.

④ HA L, JAMES E L. Interactivity reexamined：a baseline analysis of early business websites. Journal of broadcasting & electronic media, 1998, 42 (4)：457 – 474.

⑤ MARCHIONINI G. Information seeking in electronic environments. Cambridge University Press, 1997.

力的论点通常是与高价值相关联的①。可以将其解释为一种更有能动性、主动的行为，故而能够更具参与感和仪式感。所以说，重视春节的详细、有价值信息的传播，有利于影响春节文化观念。根据详尽可能性模型（elaboration likelihood model，ELM）所揭示的，信息处理会改变态度的一个基本前提是信息处理的深度和数量。这一模式有效运用在各种传播情境对态度的研究中，如广告②、大众媒体传播③。因此，加强春节文化信息的议程设置及其深度、广度，对春节文化观念也有正向影响。

（二）理论贡献与实践启示

1. 理论贡献

首先，本研究提出了手机使用与春节文化观念的影响机制，即春节期间在参与感和仪式感的中介效应下，利用手机进行信息获取、社交和情感获取，会增加用户对春节文化的联结度、传统与习俗的保留程度和文化价值的识别度。这为我们重新审视新兴媒介在当代文化生活中的积极效应提供了新的解释，同时为节日文化的媒介机制研究提供了新的媒介情境和文化情境。其次，媒介使用对文化态度的形成或变迁有不可忽视的作用。手机成为春节期间使用人数庞大的媒介。通过研究这一时间节点的媒介使用来考察其对文化观念的影响，能够在重要事件中反映手机使用对春节文化的影响机制。最后，本研究是第一个关于手机使用对春节文化观念影响机制的量化研究，并且发现了手机使用对春节文化观念的正向作用。之前的研究更倾向于认为手机使用会弱化春节文化观念，本研究结果为全面理解手机使用对春节文化观念的影响提供了新的观点。

2. 实践启示

为春节文化的良性传播提供借鉴。当前，传统节日文化如何在大众媒介中

---

① EAGLY A H, CHAIKEN S. The psychology of attitudes. Harcourt Brace Jovanovich College Publishers, 1993.

② HAUGTVEDT C P, KASMER J A. Attitude change and persuasion//HAUGTVEDT C P, HERR P M, KARDES F R (eds.). Handbook of consumer psychology. NY: Erlbaum, 2008: 419 – 436.

③ PETTY R E, BARDEN J, WHEELER S C. The elaboration likelihood modelof persuasion: developing health promotions to produce sustained behaviorchange//DICLEMENTE R J, CROSBY R A, KEGLER M (eds.). Emerging theoriesin health promotion practice and research (2nd ed.). San Francisco, CA: Jossey-Bass, 2009: 185 – 214.

进行传播并融入日常生活，是国家文化战略关注的重要问题。然而，目前春节期间最重要的文化传播媒介仍然是电视，在这种背景下，本研究为春节文化传播的研究提供了一条可行的路径，即在春节期间可通过使用手机增强用户的参与感与仪式感，以提高人们对春节文化观念的认识。在实践中我们也发现一些将手机媒介与电视媒介相结合的做法，如在春晚期间的"摇一摇"抢红包活动，将手机和电视整合起来，共同参与春节文化传播。同时，本研究进一步强调手机使用与春节文化观念的关系，但是这种作用机制是在一定情境下发生的。手机使用对春节文化观念的正向作用是在参与感和仪式感的中介作用下实现的。

（三）研究局限与展望

虽然我们的研究结果提供了新的视角，并拓展了媒介使用与春节文化观念的研究，但也存在不足。第一，本研究采用横断面数据，未来可以进一步开展纵向研究探讨用户的手机使用行为。纵向研究和实验可以为因果关系提供有力的推论，并提高对因果关系的理解。[①] 今后的研究要注重手机使用对春节文化观念的纵向调研研究，进而更好把握媒介素养、媒介技术变迁对春节文化观念变迁的影响。第二，本研究是基于自我报告的数据结果，未来研究可以用大数据、后台数据、结构访谈等数据来补充，以更准确把握用户手机使用对春节文化观念的内在影响机理。

第二节　文化自信：从文化叙事到中国形象

习近平在党的十九大报告中提出，"要坚定文化自信，推动社会主义文化繁荣兴盛"。其中，对社会主义文艺的要求，"要繁荣文艺创作，坚持思想精深、艺术精湛、制作精良相统一，加强现实题材创作，不断推出讴歌党、讴歌祖国、

---

① DILLON W R, GOLDSTEIN M. Multivariate analysis methods and applications. No. 519. 535 D5, 1984.

讴歌人民、讴歌英雄的精品力作"①。在这样一个文化自信的独特历史文化语境中，中国文艺具有"讴歌党、讴歌祖国、讴歌人民、讴歌英雄"的使命，这也是文化叙事与中国形象塑造的应有之义。长期以来，西方他者的知识体制显然会将"中国"置于有限的论述生产空间，限制中国形象的自我衍义能力并使其沦为"他者的机器"。诸多机制导向良性的中国形象生产生态，从文艺领域研究国家形象的构建和传播是当代文艺理论创新发展的一个新的生长点。② 在党的十九大报告提出的新表述与新要求下，社会主义文艺如何在文化自信的持守中建构中国形象成为新时代的课题。

一、作为现代想象的中国形象

西方世界的中国形象经历了一个演变过程。从元朝时期的鲁伯克修士、马可波罗，到当代的尼克松、基辛格，这些混杂着真实与想象的叙事影响了外国对中国的印象。13 世纪晚期《马可·波罗游记》的出版成为欧洲对中国国家形象生成的起点，创造了西方集体记忆关于中国的最早的形象。西班牙的胡安·德·门多萨（Fray de Mendoza）的百科全书《大中华帝国志》（*Historiadel Gran Reino de Mendoza*）详细记载了中国的自然环境、历史、礼仪、宗教等领域，"塑造了完整、优越的中国形象，为此后弥漫欧洲数世纪的'中国崇拜'提供了知识与价值起点"③。18 世纪欧洲启蒙运动、工业革命之后，中国变成了落后、抵制文明的"妖魔"，再到 19 世纪的黄祸论、睡狮论，20 世纪的威胁论，在西方人眼中，中国是"孔夫子的中国""大汗的帝国"。"东方几乎被欧洲人凭空创造出来的地方，自古以来代表着罗曼司、异国情调、美丽的风景、难忘的回忆、非凡的经历。"④ 特别是近代以来，第一次鸦片战争、第二次鸦片战争、甲午战争、八国联军侵华战争、中法战争等五次大规模侵略战争，都以中国失败告终。中国人和中国形象演化为"劣等民族、牺牲品和臣民、可以获取

---

① 习近平：《决胜全面建成小康社会，夺取新时代中国特色社会主义伟大胜利》，《人民日报》，2017 年 10 月 19 日第 2 版。
② 徐放鸣：《国家形象研究视域中的"形象诗学"》，《江海学刊》2013 年第 4 期。
③ 孙英春：《跨文化传播学》，北京：北京大学出版社，2015 年，第 440 页。
④ 转引自史景迁著，阮叔梅译：《大汗之国：西方眼中的中国》，桂林：广西师范大学出版社，2013 年，第 1 页。

利润的源泉、蔑视和可怜的对象"①。有学者总结了这个演变过程，前启蒙运动时代持续美化的中国形象，是一种社会乌托邦化的文化"他者"，寄托着西方不同文化的想象，中国形象在教士、哲学家、政治家和商人们眼中成为他们对西方社会的不满与改革的期望。后启蒙运动时代，西方现代性确立，中国形象从乌托邦转化为意识形态，西方社会想象不再是用中国形象衡量并批判西方现实，而是以西方现实为尺度衡量中国，确证现存的西方现代性的合法性。② 比如，近代中国，西方种族主义者使用"Chink""Coolie""Chow""Chinee"等侮辱性词汇称呼华人。③ 有学者的研究揭示，北京在 1860 年和 1900 年遭受的两次劫掠，与西方列强把中国表述为非文明国家大有关系。而西方列强想与大清帝国进行贸易往来时，为满足自己的利益诉求，将中国皇室的形象也一度从"野蛮"变为"文明"。④

　　中国语境里关于国家形象的研究是最近十余年间才逐渐展开的，其内在动因主要来自崛起的中国面向世界时的形象建构实践以及在诸多方面遇到的现实困扰。⑤ 全球化时代的国家形象不会是客观存在的，而是通过各种文艺作品、传媒，或官方宣传、民间文化交流塑造出来的。目前中国国家形象的塑造处于"他塑"的窘境，跨文化传播能力严重不足、主体缺失、错位。⑥ 之所以造成中国形象生产与传播困境，一方面是因为国际舆论生态失衡，中国的国家形象仍处于模糊甚至被误读、被曲解的状态，"中国威胁论""中国人口扩论""中国崩溃""中国掠夺""中国不负责任论"等论调此起彼伏；另一方面，在国际舆论场上，中国是沉默的对话者，因对外传播能力较弱，缺乏对自身形象建构的主导权。再者，全球化进程中西方文化模式和规则成为世界大多数国家和地区共同遵守的秩序。中国文化对外影响力式微，缺乏文化自觉、文化自信、文化自强精神，缺乏文化底蕴支撑的中国形象无法突显独特的价值。表现在文艺创作和理论批评上，便是缺乏以文艺实践构建国家形象的充分的自觉意识、理论

---

① ［美］哈罗德·伊萨克斯著，于殿利等译：《美国的中国形象》，北京：时事出版社，1999 年，第 126 页。

② 周宁：《天朝遥远：西方的中国形象研究》，北京：北京大学出版社，2006 年，第 7 页。

③ 孙英春：《跨文化传播学》，北京：北京大学出版社，2015 年，第 441 页。

④ HEVIA J. Making China "perfectly equal". Journal of historical sociology, 1990, 3 (4)：379 –400.

⑤ 徐放鸣：《国家形象研究视域中的"形象诗学"》，《江海学刊》2013 年第 4 期。

⑥ 饶曙光：《电影与国家形象：产业、文化与美学》，选自范志忠、熊颖俐、徐辉主编：《国家形象的影像建构与传播》，杭州：浙江大学出版社，2013 年，第 13 页。

支撑和实践引领。因此，要探索文艺作品的国家形象的表意方式，分析这些表意符号的生成路径，进而为艺术创作提供一种可以依循的国家形象表达策略。

文艺实践对国家形象构建拥有独特的优势，影视、网络小说等当代文艺在国家形象构建上有天然的优势，在视听语言、媒介技术等现代话语方式上革新，以感性为中介，实现中国形象的多感官、立体化塑造与传播。比如美国形象的成功传播很大程度依赖电影，就像有学者指出的，"人类有史以来最大的形象放映机当然非好莱坞莫属。美国人对世界的了解，以及世界对美国的了解大体上都是从银幕上获得的"①。各国重视电影在国家形象领域的意义并提出相应的发展战略，比如印度宝莱坞、尼日利亚诺莱坞等。世界各国对文艺的重视，除了产业价值外，其价值传播功能也不可小觑。正如艾瑞克·霍布斯鲍姆（Eric Hobsbawm）所言，欧洲资本主义"通过技术优势和自身经济的全球化改变了世界，但与此同时，它还带来了一整套强大的信仰和价值观"②。约瑟夫·奈（Joseph S. NyeJr）在《软实力》一书中也提出同样观点，文化往往蕴含着一定的价值预设并"传递深层价值观念"③。实际上，文化全球化是一种跨文化的对话与交流机制，多种文化通过冲突与对话形成新的文化形态。因此，不立足于中国文化的文艺生产出来的中国形象是模糊的、西方化的他者形象，是缺乏主体性的国家形象。文艺创作的中国形象生产无法离开中国文化。国家形象依托具有深厚底蕴的民族文化，反映中国文化的精髓，重新阐释中国文化，既是当代文艺塑造国家形象的一种历史借鉴和审美参照，也是其不断寻求超越、创新的内在驱动。

二、中国形象的文化询唤

全球化中的中华民族，在汲取世界优秀文化的同时，也面临文化帝国主义、文明冲突论、消费主义进程、美国文化霸权等多重考验和挑战。中国文化自卑心理下的文艺理念、创作方法、故事素材等资源无法融入现代文艺生产序列，

---

① ［美］奈森·嘉戴尔斯、［美］迈克·麦德沃著，何明智译：《全球媒体时代的软实力之争》，北京：中信出版社，2010 年，第 4 页。

② ［英］艾瑞克·霍布斯鲍姆著，林华译：《断裂的年代——20 世纪的文化与社会》，北京：中信出版社，2014 年，第 6 页。

③ ［美］约瑟夫·奈著，马娟娟译：《软实力》，北京：中信出版社，2013 年，第 13 页。

传统的价值和形式又无法成功转换为中国形象建设的可借鉴资源。这种文化断裂和冲突造成这样一些矛盾：丰富的文化蕴藏与文化焦虑之间的矛盾；地方性、全国性、全球性之间的矛盾；主体性与客体性因子之间的矛盾；传统性与当代性因子之间的关联与渗透的矛盾。

中国形象走出去是全球文化流动规律使然。全球化时代的中国将西方文化奉为圭臬，西方文艺理念裹挟在西方经济和西方文化中涌入中国，成为国内文艺创作实践的模仿对象、金科玉律，使得文艺的表现形式、内容结构、价值理念等趋于同质化，部分文艺创作成为西方文化的地方性注脚。但是，扼杀文化多样性会让文化枯竭，历史已出现的文化霸权的恶果进一步确证，各种价值具有"不可通约性"。正如霍尔的编码/解码理论揭示，全球编码者与地方解码者都是有限文化个体，所谓文化同质化、"普遍主义"理论是虚妄的。① 罗伯森提出"球域化"的概念，认为全球化中的全球与地方是流动的，也是互动的，互相补充与重构。全球是全球与地域的双向互动，其核心动力学包含了普遍的特殊化与特殊的普遍化这一双重的过程。② 可见，全球化提供的方案是可选择的，而非替代性的。

国家形象传播实际是一个信息生产、流动、编码解码的过程。从文化扩散规律来看，传播对象的差异性、异质性也是传播得以完成、创新得以产生的重要条件。罗杰斯在《创新的扩散》一书中认为，"创新的扩散必须透过某种程度的异质性沟通，才算大功告成"③。因为异质性在非关系紧密的同质性人群中发挥巨大潜能，创新观念则因在不同群体中流动而引入社会体系。格兰诺斯特的"弱连接的力量"理论说的也是这个现象。不同文化传统、地域条件等因素造成不同的文艺实践方式、诉求。近年来，我国的国家叙事理念有一定的转变，对外传播取得一定成绩。比如叙事视角和主题上，20 世纪 80 年代以来盛行"个人叙事""日常生活""私人生活"的叙事主题，"中国故事"强调一种新的宏观视角，强调中国立场，强调讲述中国人的生活经验和情感。④ 新世纪以

---

① 金惠敏：《全球对话主义》，北京：新星出版社，2013 年，第 14 页。

② ROBERTSON R. Globalization：social theory and global culture. London：Sage，1992：177 – 178.

③ ［美］埃弗雷特·罗杰斯著，唐兴通、郑常青、张延臣译：《创新的扩散》（第五版），北京：电子工业出版社，2016 年，第 326 页。

④ 李云雷：《如何讲述新的中国故事？——当代中国文学的新主题与新趋势》，《文学评论》2014 年第 5 期。

来的文艺创作承载了启蒙与救亡主题。科幻题材比如刘慈欣的小说《三体》讲述的人类的未来生存问题；跨国题材比如李蔚的长篇小说《闯荡非洲》，泽津、李林的长篇报告文学《中国农民在俄罗斯纪实》等，这些文艺作品正在以一种新的视野重构世界关于中国、中国人的想象。海外华人文学创作呈现鲜明的特点，"立足传统而承接现代，求诸西学而求发现中国"①。再比如，中国电视节目出口东盟十国的时长约占中国出口总量的一半，其中电视剧和流行音乐较受欢迎。有数据表明，在越南、缅甸地区，中国流行音乐较受欢迎。在越南电视台热播的电视剧有《三国演义》《还珠格格》②；电视剧《中国式离婚》在泰国取得高收视率；2012 年，中国国际广播电台与缅甸国家广播电视台就电视剧的缅甸语版翻译、推广与播出达成协议。③ 电影《花木兰》《卧虎藏龙》《功夫熊猫》向全世界展现了中华文化的魅力。虽然国家综合实力和软实力增强，国家形象有一定提升，但是过去几十年的主流外宣理念是宣扬一种规范性主张、基于"魔弹论"而非符号互动论的形象诠释。在政治认同、价值认同等多重认同危机的焦虑中选择单向度的自我宣传，受者不明，成为空洞的能指。造成中国形象生产窘境，除在理念、策略选择等方面存在不足，基于中国传统文化、革命文化和社会主义先进文化的文化思路与文化自信的缺失也是一大病症。该病症容易造成这样一种情况，文艺实践对中国的理解与叙事在西方文化框架中进行，中国被视为"他者"。以西方的路径去反思中国形象的文艺生产与其说是本土尝试，不如说是类似于西方汉学家关于中国形象的想象。

21 世纪前后，我国文艺创作刻意满足西方读者的单一口味去书写，甚至抱着冲刺诺贝尔奖、奥斯卡金像奖的目的进行创作。这个问题在中国电影领域表现得尤为明显。2001 年《卧虎藏龙》获得奥斯卡最佳外语片、最佳原创音乐等四个奖项之后，中国兴起武侠电影创作的风潮，随后的七八年，参评奥斯卡金像奖的电影也几乎都是清一色的带有"中国武侠"元素的古装动作大片。但只有《英雄》《十面埋伏》《满城尽带黄金甲》分别获最佳外语片、最佳摄影、最佳服装设计提名。2011 年参评作品《金陵十三钗》被认为是最有希望获奖的作品，因为不但阵容上有国际影星克里斯蒂安·贝尔加盟，而且还有奥斯卡金像

---

① 蒋述卓：《百年海外华人学者的文学理论与批评》，《文学评论》2017 年第 2 期。
② 杨华：《中国—东盟文化交流的"黄金十年"》，《东南亚纵横》2014 年第 4 期。
③ 张成霞：《构建中国—东盟人文交流新格局——新世纪中国—东盟人文交流回顾与展望》，《东南亚纵横》2012 年第 11 期。

奖青睐的"二战"背景、富有张力的"战争与玫瑰"题材。但最终因人物的设定立不住脚而败北：秦淮河女人的造型和行为不符合背景情境和正常逻辑，救赎的主线也显得牵强。

习近平提出对外传播"要以理服人，以文服人，以德服人"，体现国家战略层面寻找一种本土话语的诉求。中华文化便是这种本土话语的重要部分。中华文化由优秀传统文化、革命文化、社会主义先进文化三部分构成。传统文化创造了独有的中华文化，其中以文化人的教化传统、民族精神和家庭伦理尤其宝贵。革命文化是近代以来中华民族在抵御外侮、争取国家独立、民族解放、人民自由幸福的斗争中积累形成的文化。延安精神、井冈山精神、西柏坡精神、沂蒙精神、苏区精神、长征精神、红船精神等都是这种革命文化实践的结果。社会主义先进文化是当代中国的新文化，它以马克思主义为指导，以社会主义核心价值观为灵魂，以培育有理想、有道德、有文化、有纪律的社会主义公民为目标。例如，在影视剧方面，从扬我国威军威的《战狼 2》《湄公河行动》《红海行动》，到致敬纯真美好青春同时又审视人生命运坎坷无奈的《芳华》；从展现领袖们高远深厚的文化情怀和人格魅力的革命历史题材剧《海棠依旧》，到义薄云天、情义千秋的古装传奇电视剧《琅琊榜》；从全方位反映新民主主义时期农民历史命运的《老农民》，再到表现改革开放四十年中国从城市到农村发生巨大变化的《鸡毛飞上天》，都是收视率和观众口碑俱佳的优秀力作。许多构思巧妙、立意新颖、具有中华民族鲜明特色和审美魅力的音乐、绘画、舞蹈作品，获得了国际社会的认可，展现出新时代文艺精品创作的成果。[①] 在这些作品中，中国文化在视觉化语法中被重新编码，为传统文化、革命文化和社会主义先进文化的文艺创作带来源源不断的素材与启迪。所以说，文艺创作要在充分理解并立足中华文化的主体角色的基础上，去建构中国形象。主体是指一种对象性范畴，在现实的主客体关系中，主体把自己的存在当作一个自明的前提。文化主体性则是一个民族的"内在的我性"，是一种基于文化自信的中国文化现代性转换的当代书写。强调中华文化的主体性，便是强调中华文化的自主性、能动性、创造性。这种主体性的突显表现为认识中国、批判中国、建设中国，从而实现文艺实践下的中国形象建构。

---

① 朱振武：《中国文学走出去，切忌简单迎合西方》，《解放日报》，2018 年 12 月 25 日。

三、作为方法论的中国文化

建构主义理论认为，认知是在一定的情境下完成的，也是主体基于原有的知识经验生成意义建构理解的过程，而该过程往往是在社会文化互动中完成的。中国形象的塑造与传播遭遇预设与预设悬置的过程，身份沟通理论（communication theory of identity）甚至揭示，身份是"信息与价值的汇集之所"[①]。因此我们要考虑的是，国外对中国形象的认知是如何发生的、意义是如何建构的、认知是如何形成的。

首先，在文本叙事上描绘中国故事多元图谱。社会认同理论认为，当人们将自己视为某一群体成员时，内部群体便被视为社会比较的参照，并且人们采用群体态度和信仰作为自己的态度和信仰。[②] 文化认同是社会认同的一种特殊情况，属于"文化群体的理想和价值观的人识别"[③]。它不仅是一种身份标识，还包括族群认同[④]，还包括其他社会身份认同（性别、阶层、种族和性取向），从而出现认同保护认知机制，即个体倾向于使自己的观点、态度、信仰与其参照群体中占主导地位的成员保持一致。[⑤] 文艺工作者要有文化自信的中国情怀，要"坚守中华文化立场、传承中华文化基因，展现中华审美风范"[⑥]，希望广大文艺工作者能参与进来，"创造出丰富多样的中国故事、中国形象、中国旋律，为世界贡献特殊的声响和色彩、展现特殊的诗情和意境"[⑦]。近百年来，中国从任人宰割、欺辱到现在的经济总量排名世界第二，中国历史急剧变幻，中国历

---

① HECHT M L, JACKSON R L, RIBEAU S. African American communication：exploring identity and culture（2nd ed.）. Mahwah, NJ：Lawrence Erlbaum, 2003：30

② TAJFEL H. Social psychology of intergroup relations. Annu. Rev. Psychol. 1982, 33：1 – 39.

③ SCHWARTZ S J, MONTGOMERY M J, BRIONES E. The role of identity in acculturation among immigrant people：theoretical propositions empirical questions, and applied recommendations. Human development, 2006, 49：1 – 30.

④ UMAÑA-TAYLOR A J. Ethnic identity research：how far have we come? //SANTOS C E, UMAÑA-TAYLOR A J（Eds.）. Studying ethnicidentity：methodological and conceptual approaches across disciplines. Washington, DC：American Psychological Association, 2015：11 – 26.

⑤ COHEN G L. Party over policy：the dominating impact of group influence on political beliefs. Journal of personality and social psychology, 2003, 85：808 – 822.

⑥ 中共中央宣传部编：《习近平总书记在文艺工作座谈会上的重要讲话学习读本》，北京：学习出版社，2015 年，第 29 页。

⑦ 习近平：《在中国文联十大、中国作协九大开幕式上的讲话》，《人民日报》，2016 年 12 月 1 日第 2 版。

史书写与文化记忆纠缠重叠，呈现复杂、异质的一面。比如，"五四"时期至1949 年，中国各类新文艺所塑造的中国形象可以概括为病态中国、青春中国、革命中国、都市中国、乡土中国和战时中国等六个类型；中华人民共和国建立后，中国各类新文艺所塑造的中国形象可以概括为社会主义新中国、"文革"中国、改革开放之中国、现代中国、世俗中国和东方化中国等六个类型。[①] 文艺的单维度呈现是一种遮蔽，如何组织、再现或转化中国故事，塑造良好的中国形象才是需要被正视的问题。

　　文艺要参与建立中国故事话语系统与价值体系。一是反映当代中国精神。文艺要反映中国精神。社会主义核心价值观是当代中国精神的集中体现，凝结着全体人民共同的价值追求。当代中国价值观念，是在中国历史文化积淀基础上，在中国革命和现代化建设中逐步形成的价值观念，代表了中国先进文化的前进方向，对当代世界的发展有独特的意义。[②] 要把弘扬社会主义核心价值观贯穿到文艺创作，充分讲述革命文化、挖掘传统文化，呈现社会主义先进文化精神，弘扬社会主义核心价值观。二是讲好中国的故事。要讲好中国特色社会主义的故事，讲好中国梦的故事，讲好中国人的故事，讲好中华优秀文化的故事，讲好中国和平发展的故事。文化自信是讲好中国故事的基础和依托。在文化自信下，方能对中国的过去、现在和未来有一个正确的认识，对讲述什么故事、怎么讲述才有清晰的认识。比如：①讲述传统文化故事。从《中华好诗词》《唐诗风云会》《中国成语大会》《中国诗词大会》等电视综艺节目，到芗剧《保婴记》、秦腔《花儿声声》、黄梅戏《小乔初嫁》、汉剧《宇宙锋》、湘剧《谭嗣同》等经典戏曲，它们无一不是通过对中国历史文化的挖掘来彰显民族精神与时代精神。②讲述中国的革命故事、社会主义建设的故事。电影《百团大战》《战狼》，电视剧《平凡的世界》《海棠依旧》《太行山上》《北平无战事》，现代京剧《西安事变》，豫剧《焦裕禄》，评剧《母亲》《红高粱》，湘剧《月亮粑粑》，话剧《麻醉师》等一批弘扬社会主义核心价值观的优秀作品，引导人们求真、崇善、向美，让主旋律更响亮，正能量更强劲。[③] ③讲述中国全球治理的故事。例如，要拓宽文艺叙事视野，依托中国文化将叙事延伸至全球

---

　　① 李兴阳、朱华：《中国新文艺作品中的中国形象》，《安阳师范学院学报》2015 年第12 期。

　　② 武志军：《讲好中国故事，传播好中国声音——习近平关于做好对外宣传工作的新思想新论断》，《党的文献》2017 年第 5 期。

　　③ 吴晶等：《无愧时代，不负人民——党的十八大以来社会主义文艺繁荣发展综述》，新华社，2016 年 11 月 29 日。

各洲各国。"一带一路"视野下的中国文学也可以说是世界视野下的中国文学，需要换一种眼光看待自身，从而建构文化、重塑文学。未来无论在题材还是写法上，中国文学都会遇到新的挑战，历史题材和现实题材写作都要在更广阔的视野和纵深里表达和呈现。① 配合中国的全球战略进行文艺创作，比如"一带一路"倡议的丝路故事的讲述与传播。比如中央电视台的系列节目《一带一路》，分赴东南亚、南亚、西亚、东非、欧洲的近 20 个国家，深入"一带一路"建设现场。从"丝路基金第一单"——巴基斯坦卡洛特水电站，到孟加拉国的"梦想工程"——帕德玛大桥；从斯里兰卡汉班托塔港超大型码头，到东非新跨国铁路——亚吉铁路；从东南亚最大跨海大桥——印尼泗马大桥，到柬埔寨示范经济特区——西哈努克港，摄制组追踪拍摄"一带一路"重大合作项目和故事，在小故事中讲述中国大倡议。历经千年的古代"丝绸之路"是一个历史"故事富矿"，各国在经济交往和文化交流中产生了深厚的友谊。要挖掘丝绸之路的历史资源，通过文学、艺术、经济等形式再度激活历史，激发"一带一路"上各国的共同情感记忆，消弭对"一带一路"倡议的疑惑与误解。把"一带一路"的故事和 IP 打造成机制化、高水平的故事品牌，成为传播丝路精神，共同讲好丝路故事的重要支点，尤其要把古代丝路与现代丝路进行文化与精神上的连接。国内外各种大型跨国报道和纪录片、电视剧、电影等文化交流活动频繁，极大地将古代丝路精神和现代精神对接起来。

因此，要改变套用西方既有的概念体系的"他者"叙事、缺乏对中国美学和艺术特性的深度认知的现状。提升中华文化精神内核，当代文艺有必要理解并运用中国艺术精神、艺术风韵，建构起一整套多元而有序的文化实践的中国文艺格局，形成传统文化、革命文化和社会主义先进文化之间，以及诸文艺形态之间的多元共存、相互共生的良性循环，在此基础上形成中国故事叙事、中国形象塑造的文艺机制。

其次，在形象传播上融合中华文化的话语边界。关于认知生产与意义传播范式，费希尔认为理性范式的假设有诸多弊端，而将叙事范式视为一种新的概念框架，理由是它会随沟通情境、媒介和沟通类型的变化而改变，在故事的讲述中创造和管理意义。故事有很多个版本，根据意义的层级模型，讲故事是沟

---

① 李晓晨：《赋予中国文学新的言说空间》，《人民日报》（海外版），2015 年 12 月 18 日第 11 版。

通的核心行为，而每则故事中又嵌有多重语境或框架①，因此，要用故事来讲述国家发展，描摹中国形象，传播中国价值。对外传播要用海外受众"乐于接受的方式、易于理解的语言"②，受众群体是广泛、多样和复杂的，单一的传播内容和传播形式阻碍了国际传播的顺利进行。如果不改变传播方式，中国形象难以传播。同时强调，社会主义文艺要"倡导讲品位、讲格调、讲责任，抵制低俗、庸俗、媚俗"③。国家叙事不是简单使用新技术和商业营销或一味迎合市场和权力所能实现的，更多是对文化审美和价值观念的理解与运用。比如，《中国日报》布局国际传播的全媒体矩阵，传播中国声音和文化。目前，它在脸书、推特等社交媒体建立的主页成为面向全球社交媒体用户展示中国形象的重要窗口。2017 年，《中国日报》在脸书主页发布来自 13 个国家的外国青年拍摄的 16 部"中国文化"短片，并在全球社交媒体平台分享，向全世界呈现了一个有活力和深厚文化底蕴的中国形象。

中国故事现代传播无法超脱当代文化语境。中国价值并非要一味迎合娱乐话语而无底线地打破自身的文化价值和结构，可根据价值类别、媒介的规定性，做到积极应对时代变迁，在中国叙事中实现符号生成、文本再造和价值重组。总的来讲，中国形象的现代传播是认知话语和传承话语，以轻松、快乐、感官等"软"形态和人性化话语，实现参与社会生产、传播社会主流价值观的"硬"价值尤为必要。例如，"复兴路上工作室"创作的对外宣传片《中国共产党与你一起在路上》(The Communist Party of China Is with You Along the Way) 规避"高大全""群像化""雕塑化"等模式，而是以普通人为叙事落点，用中国最普通的百姓农民、老年人、未婚小伙的普通愿望叙事："明年有个好收成""养老金能不能多一点""娶个漂亮媳妇"等。在 2016 年 G20（二十国集团）杭州峰会期间，中央电视台推出 G20 宣传片《喜欢你在一起》。从叙事序列和文本构成上看，这个宣传片摒弃以往国家（城市）宣传片从历史、自然、经济、科教等角度的"八股式"宣传语态，而以生活中的平凡场景作为叙事序列和文本的构成要素。它以"喜欢"作为叙事主命题。"喜欢"的对象包括爱人的微笑、自己的工作、祖国的强大和共同的世界，这些叙事内容既有"小确

---

① ［美］埃姆·格里芬著，展江译：《初识传播学：在信息社会里正确认知自我、他人及世界》（插图第 7 版），北京：北京联合出版公司，2016 年，第 82 页。

② 习近平：《用海外乐于接受方式易于理解语言，努力做增信释疑凝心聚力桥梁纽带》，《人民日报》，2015 年 5 月 22 日第 1 版。

③ 习近平：《决胜全面建成小康社会，夺取新时代中国特色社会主义伟大胜利》，《人民日报》，2017 年 10 月 19 日第 2 版。

幸"也有"大格局"。"喜欢"这一行为本身就是一种价值观的表现，观众通过对"喜欢"的对象符号、场景或意义的认知，实现对普通人的日常生活和家国情怀的感知。①

至于如何让中华文化融入中国叙事与中国形象，选择具有全球伦理特性的文化与故事是融通之道。最先由汉斯·昆（Hans Küng）提出的"全球伦理"原则或可提供启示。所谓全球伦理，是一种以人类公共理性和共享的价值秩序为基础，以人类基本道德生活，特别是以有关人类基本生存和发展的普世道德问题为基本主题的整合性伦理理念。② 党的十九大报告对人类命运共同体的内涵作出了明确阐述，就是建设"持久和平、普遍安全、共同繁荣、开放包容、清洁美丽"的世界。这与全球伦理的宗旨有异曲同工之处，因为在中华文化中，传统文化追求天人合一，革命文化追求自由、平等，社会主义先进文化追求人类命运共同体。人类命运共同体的目标在于建构大同世界，创新性地提出以人类整体为中心，以共同复兴为导向。因此，"建构新的题材与主题，重构中国故事的叙述逻辑，利用故事具有普遍性的效应，以面向世界的开阔胸襟书写全球化进程中人类的共同命运，书写全球化进程对日常生活的渗透，创造出一个个可以与他人对话的世界"③。比如电影《卧虎藏龙》规避了政治讽喻意义，用性别政治和人性冲突取代王朝腐朽、党派倾轧、忠良被害等隐喻主题。④

文艺创作的文化自信除了考虑精神转换、内容呈现、策略选择，我们还需思考现代传媒技术发展和文化观念的转变，如多模态语言、多媒介平台、融媒体样态、自媒体赋权、社交媒体兴起等都为文艺讲述中国故事、传播中国形象带来挑战和机遇。文艺创作在新传播环境、媒介生态中为传播中国形象提供了更多样的话语方式、更复杂的数字语境，作为驱动要素的文化自信将在新时代文化中开拓新领域。

所以说，西方的知识体制将"中国"置于有限的论述生产空间，限制了中国形象的自我衍义能力并使其沦为"他者的机器"。在全球与地域的双向互动、价值之间的不可通约性、文化扩散规律、中国话语结构优化等情境下，中华文

---

① 常江：《讲好中国故事的 IP 化策略：概念、形象、叙事》，见"西湖论坛"编委会编：《网络文艺的中国形象》，杭州：浙江人民出版社，2017 年，第 85 页。

② 万俊人：《寻求普世伦理》，北京：商务印书馆，2001 年，第 29 页。

③ 梁鸿鹰：《中国故事：构建人类命运共同体的文艺担当》，《学习时报》，2017 年 6 月 23 日第 8 版。

④ 向宇：《双重编码的中国形象》，选自范志忠、熊颖俐、徐辉主编：《国家形象的影像建构与传播》，杭州：浙江大学出版社，2013 年，第 162 页。

化要作为基础性元素融入中国形象生产与传播。因此，在文本叙事上，需将中国故事、中国精神融入文艺叙事序列，汇成中国多元故事图谱；在形象传播上，需融合中华文化的话语边界，实现形象的文化符号生成、再造和价值重组，建构一整套具有多元而有序的文化实践的中国文艺格局，形成传统文化、革命文化和社会主义先进文化之间，以及诸文艺形态之间的多元共存、相互共生的良性循环体系，建立中国形象塑造的文艺机制。

第三节　文化现场：电视文化类节目的年度观察

一、文化类节目的基本类型

2016 年到 2017 年之间，节目在文化内涵的挖掘、题材样式的拓展、制作理念的创新等方面均实现突破。总的来讲，节目的文化传播由再现到表现，由写实到符号化，这也是一个由内容到形式的沉淀过程，也是文化节目作为"有意识的形式"的形成过程。

具体而言，这两年（指 2016 年至 2017 年，下文同）的文化节目有三个亮点。一是节目数量多、质量高。除了中央电视台，地方电视台比如东方卫视、安徽卫视、北京卫视等，也都推出了不少原创文化节目，全国省级电视台以上的文化节目 39 档，其中不少节目在播出期间进入全国 71 个城市收视份额的前20 名。比如《中国诗词大会》第二季播出期间平均收视率超过 1.78%，市场份额超过 50%。两年间首播的，以及两年前开播且这两年仍然在播的节目，共同汇聚了文化节目的传播盛况（见表 4 - 6）。二是节目题材的多元发展，呈现资源细分、以分众定位的新趋势。除了诗词歌赋外，汉字、家风、书信、地理、民歌、戏曲、传统技艺、历史文物等主题都有所拓展。三是节目形式的创新。除了朗诵、访谈、竞技、表演等新形式，还出现了形式融合，比如《朗读者》《阅读·阅美》采取"美文推荐 + 美文朗读 + 人物访谈"的融合形式。在播出场景上，"走出演播室"去探访文化的形式开始出现。总的来讲，"文化内核 + 综艺外壳"是这两年文化节目呈现的一种全新的表达方式。

表4－6 2016－2017年央视及省级卫视文化节目原创情况

类型	节目名称	播出频道、首播时间	节目主题、形式
朗诵赏析	《朗读者》	中央电视台 2017年2月18日	访谈＋朗读＋解析
	《见字如面》	黑龙江卫视 2016年12月31日	书信朗诵、历史背景解读
	《中国情书》	东南卫视 2017年12月10日	朗读手写情书、追溯文化流传
	《陪你读书》	中央电视台 2016年2月12日	好书品读、故事分享
	《阅读·阅美》	江苏卫视 2017年8月26日	美文朗读与人物访谈结合
	《一路书香》	深圳卫视 2017年11月30日	以书为据的户外文化赏析
	《青春激扬中国梦》	新疆卫视 2017年5月7日	高校大学生读书＋故事分享
	《我是讲书人》	广东卫视 2017年4月23日	分享好书、"讲书"竞技
文化竞技	《少年国学派》	安徽卫视 2017年7月2日	国学文化竞技、演讲辩论
	《中国诗词大会》	中央电视台 2017年4月23日	诗词知识的比拼、赏析
	《中国戏曲大会》	中央电视台 2017年8月6日	戏曲故事分享、知识竞赛
	《汉字风云会》	浙江卫视 2017年7月13日	汉字听写、低龄选手竞赛
	《向上吧！诗词》	浙江卫视 2017年8月13日	诗词比赛冲关
	《国学小名士》	山东卫视 2017年8月17日	国学技艺比赛

（续上表）

类型	节目名称	播出频道、首播时间	节目主题、形式
文化竞技	《喝彩中华》	东方卫视 2017 年 7 月 15 日	传统戏曲表演竞赛
	《闽南话听讲大会》	厦门卫视 2016 年 8 月 13 日	用闽南话讲述闽南味故事，"以一敌众"的对战方式
	《世界听我说》	中央电视台 2016 年 11 月 20 日	中华文化知识辩论竞赛，打造两岸及港澳青年交流平台
	《诗书中华》	东方卫视 2017 年 4 月 14 日	古诗文竞赛，以家庭为单位
	《龙的传人》	湖南卫视 2017 年 6 月 30 日	国学知识答题，动画形式呈现
文化表演	《中国戏歌》	中央电视台 2017 年 9 月 3 日	经典戏歌作品表演
	《你好！历史君》	山东卫视 2016 年 3 月 31 日	情景喜剧，趣味解读历史故事
	《中国民歌大会》	中央电视台 2016 年 10 月 2 日	民间歌曲展示，各地景观探访
	《北京评书大会》	北京卫视 2017 年 11 月 28 日	结合新元素的评书艺术表演
	《耳畔中国》	安徽卫视 2017 年 2 月 17 日	中国风音乐竞唱，文化知识解读
	《百姓英雄》	东南卫视 2016 年 11 月 20 日	武术实战表演
	《唱响中华》	东方卫视 2017 年 10 月 1 日	外国选手演唱国民金曲
	《历史其实很有趣》	贵州卫视 2016 年 1 月 2 日	历史故事分享＋名师脱口秀
	《天籁之声》	东南卫视 2017 年 1 月 26 日	民族音乐表演＋真人秀
	《歌声的翅膀》	江苏卫视 2017 年 4 月 30 日	儿童音乐表演，明星＋儿童

（续上表）

类型	节目名称	播出频道、首播时间	节目主题、形式
器物文化	《国家宝藏》	中央电视台 2017年12月3日	明星担当"国宝守护人"，讲述国宝文物背后的故事
	《中国达物秀》	黑龙江卫视 2016年6月	民间器物鉴赏，故事分享
	《非凡匠心》	北京卫视 2017年1月15日	探访工艺匠人，赏析国宝文化
	《百家姓》	安徽卫视 2016年5月30日	由明星寻根问祖，探寻姓氏文化和传家宝物
文化访谈	《家风中华》	安徽卫视 2017年11月21日	文化访谈，诠释中华家风
	《儿行千里》	湖南卫视 2017年8月27日	家风故事分享，素人嘉宾访谈
	《我有传家宝》	中央电视台 2016年2月5日	以传家宝为载体，讲述家族传承故事
	《念念不忘》	北京卫视 2017年5月14日	古代名人家书分享，追溯家族历史
地理人文	《魅力中国城》	中央电视台 2017年7月14日	城市文化和旅游资源的呈现、比赛
	《绿水青山看中国》	中央电视台 2017年10月5日	地理人文知识竞赛，展现美丽中国

资料来源：根据各电视台官网信息整理。

（一）朗诵赏析类节目

最早的朗诵赏析类节目是1996年央视播出的《读书时间》。这两年朗诵赏析类节目大量涌现，有中央电视台的《朗读者》和《陪你读书》、黑龙江卫视的《见字如面》、东南卫视的《中国情书》、江苏卫视的《阅读·阅美》等，内容载体是书本和书信，节目采用"星""素"结合、文化和情感结合的方式，以感人的故事和深切的情感引起观众的共鸣，实现节目文化传播和价值引领的目标。

《朗读者》是中央电视台打造的文化情感类节目，以文化为内核，以个人成长、情感体验为两翼，把人物的背景故事与文学佳作相结合，让嘉宾用平实的语言读出文字背后的意义和价值观，展现有血有肉的真实人物情感。该节目不仅在上海电视节上斩获了白玉兰最佳综艺节目奖，还在第25届电视文艺"星光奖"评选中获得"电视文艺栏目大奖"。该节目"不仅让节目和嘉宾频频登上热搜，更一举成为现象级文化综艺节目，业界称《朗读者》开启了电视文化综艺元年"①。黑龙江卫视的书信朗读节目《见字如面》网络总播放量超过2亿。②《中国情书》以情书为载体，诵读为传递，通过个人情感线索还原历史时代的文化背景，追寻中国文化的流传演变过程。

（二）文化竞技类节目

文化竞技类节目在数量上较多，融合综艺节目"导师制""竞赛制"的形式，以古诗词、汉字、国学知识等为原料，营造竞赛氛围，在文化竞技中实现文化的认知。

较有代表性的有中央电视台《中国诗词大会》和《中国戏曲大会》、安徽卫视《少年国学派》、东方卫视"中华系列"节目、浙江卫视的《汉字风云会》和《向上吧！诗词》、山东卫视《国学小名士》、厦门卫视《闽南话听讲大会》等。这些节目在赛制和规则上融入传统的文化元素，在竞技中进行文化讲解，诠释文化知识。比如，《汉字风云会》以小学五年级选手为参赛主体，节目的播出带动了观众的书写热情，引领人们重拾对汉字的书写兴趣。《中国诗词大会》聚焦美好的诗词，以"赏中华诗词、寻文化基因、品生活之美"为宗旨，邀请全国各个年龄段、各个领域的诗词爱好者参与诗词知识比拼。节目播出后，收视率高达1.261%，位列全国同时段电视收视率的第四名，超过了同时段播出的湖南卫视王牌节目《天天向上》。《中国诗词大会》（第二季）是春节期间收视最高的节目之一。竞技的形式让文化在紧张激烈的氛围中突显出来，成为戏剧的集中点，为文化的电视传播带来娱乐的气息。

（三）文化表演类节目

传统文化表现方式趋于多元，除传统的朗读、竞技形式外，表演元素突显。

---

① 《〈朗读者〉等获"星光奖"央视综艺彰显品牌硬实力》，人民网，http://media.people.com.cn/n1/2018/0405/c40606-29908789.html，2018年4月5日。

② 《2亿观看专家盛赞，〈见字如面〉怎么做到零差评?》，腾讯网，http://ent.qq.com/a/20170417/036882.htm，2017年4月17日。

表演融入历史故事、武术搏击、评书、中国风音乐、戏曲、民歌等文化形态，呈现颇有特色的文化表演节目。这类节目通过视听盛宴，让观众在熏陶中感受文化之美，从而向观众普及和传递人文精神和历史文化。

山东卫视《你好！历史君》以情景喜剧的形式对唐朝和清朝的历史人物和事件进行表演和解读，观众能在欢笑当中获得对历史的认知。中央电视台的《中国戏歌》和《中国民歌大会》通过对戏曲和民歌的演绎，讲述背后的故事和内涵，展示了传统或民俗歌曲的魅力。《北京评书大会》融入书画、音乐和纪实真人秀等视觉元素，把评书艺术重新请上电视舞台，让观众重温经典，感受评书的艺术魅力。贵州卫视的《历史其实很有趣》，采用脱口秀的形式讲解诗作、历史故事。文化表演类节目凭借趣味十足的内容、深厚的文化底蕴获得了观众的认同。如《中国民歌大会》（第二季）涉及四十多个民族的传统民歌及经典歌曲，在国庆期间播出，八期节目平均总收视达1.42，平均收视份额为3.57，节目相关互动话题"我用民歌唱家乡"阅读量为9.4亿次。①

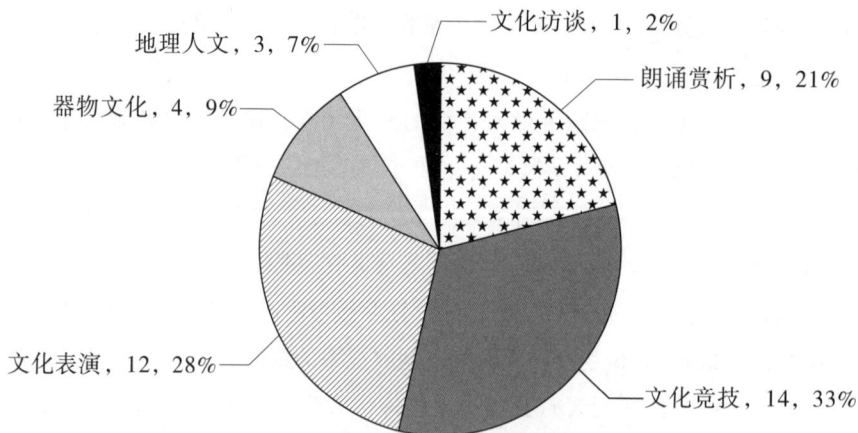

图4-3　文化节目的类型分布

除了以上几种，还有器物文化、地理人文、文化访谈等类型（各类型占比见图4-3）。其中，器物文化类节目注重历史文化体验，节目主要以文物、国宝为展示对象，带领观众去认识、探索这些文物。北京卫视的《非凡匠心》和中央电视台的《国家宝藏》是这类型节目的代表。地理人文类节目占比较少，

---

① 人民网：《专家研讨〈中国民歌大会〉：家国情怀引起共鸣》，http://culture.people.com.cn/n1/2017/1103/c1013-29624298.html，2017年11月3日。

但制作恢宏。中央电视台的《魅力中国城》和《绿水青山看中国》分别展现了城市文化旅游资源和国家地理人文风光，都是展示美丽中国的文化窗口。文化访谈类节目有湖南卫视的《儿行千里》，安徽卫视的《家风中华》。《儿行千里》每期邀请两组素人嘉宾，分享自己的家风故事；《家风中华》邀请文化嘉宾钱文忠教授和家风观察团，从普通人的家庭故事入手，展示中华家风，弘扬传统文化。

文化节目除了种类多样，在节目形式上还呈现出多种类型节目融合发展的特点。节目不再囿于严肃的文化表达，而是加入了真人秀节目和娱乐节目中的综艺元素、娱乐元素，打破文化与现代人的审美形式和文化认知的障碍，将文化引入观众的媒介消费的日常生活。

二、文化类节目的艺术特征

从节目发展演变角度来看，文化节目的迭代和进化是节目生产规则的不断修订与节目类型的创新。在文化内核的基础上，文化节目融入游戏、表演、脱口秀等元素，注重与时代接轨，将娱乐、社交充分融入到节目中，满足观众的多元化需求。在电视语言上，参照真人秀节目的表现手法，运用多镜头、多角度、特写、跟拍等方式，捕捉细节。文化节目从不同维度快速迭代，也是适应观众收视心理的自我进化。

（一）强化娱乐化设计与创新

娱乐化手段的运用和设计创新，用轻松的外在形式承载深沉的内在担当，使之成为当代媒介产品的重要部分、收视率保证。也正是娱乐化的使用，文化节目真正让文化的电视传播进入 3.0 时代，即契合现代人的生活方式，进入当代文化逻辑，融入当代文化生产序列的传播时代。

第一，融合各种综艺节目的形式，生产多样化的内容。节目往往以比赛为外衣，传统文化为内核，在比赛之余，加入学者赏析、解读的环节，使得节目既有娱乐性，又具有深厚的文化底蕴。以《中华诗词大会》为例，董卿主持，四位嘉宾康震、蒙曼、郦波、王立群点评，节目运用比赛的形式，评选出诗词知识量最丰富的参赛者。竞赛这种行为本身就包含着冲突和戏剧，诗词借助竞赛的外衣，实现了首轮吸睛。《诗歌之王》中，诗歌的高雅内核被包裹在流行音乐的外壳中。综合运用 R&B、流行、摇滚、中国风等风格演绎不同类别的诗歌。①《中国戏曲大会》借鉴《中国诗词大会》的形式，根据戏曲特点，还增加了视听题、辨识题、剧目题等形式。《中国成语大会》在制作过程中，强化了娱乐性的设计，释放了主持人活跃现场的能力，趣味编组了多样化的题目，鼓励选手与主持人互动，保留现场真实的欢乐气氛，后期通过"花字"强化了知识性和趣味性。

第二，娱乐明星成为文化节目的重要主体，助推生产与传播。近年来越来越多节目综合真人秀、益智类、对话访谈等元素，强调观众参与的寓教于乐的娱乐现象。节目邀请明星艺人参与节目，专业的表演给节目带来娱乐因子，"文化＋明星"的模式使得节目既有文化内涵，又充满了娱乐性。比如黑龙江卫视的读信节目《见字如面》中，归亚蕾、周迅、林更新等明星以表演的方式阐释书信内容，淋漓尽致地将书信中的感情和冲突演绎出来，在情感渲染和文化传播上更加到位。读信节目《信·中国》邀请明星当"信使"，加入了综艺节目常用的设置悬念、插入幕后花絮等手段。总的来讲，娱乐明星的加入使得承载节目文化的主体发生了改变，以往学者、专家是节目文化的主体，现在由社会名人、明星作为文化的传播者。节目在新媒体平台传播也使用轻松娱乐的表达方式，比如在文章中插入搞笑的图画、对古文进行好玩的解释，比如"帮司马相如上头条""玩医闹？别闹了，古时候就有了……"等。

第三，从内容到文本、参与性、背景、后期的故事性设计，都弥漫着故事性。故事性是文化节目较经典的策略。但是，传统的使用范围限于主体内容的故事化讲述。目前，这种故事性弥漫为从策划到反馈的整个过程，包括参与者、内容、背景、后期互动等整个传播流程，几乎做到故事性全息化传播。最基础的是内容和环节上注重故事性和趣味性，主持人和嘉宾善于运用生动、通俗的语言讲述观众感兴趣的话题。从内容上看，节目倾向于选择富有话题性和情节性的题材，在情节营造上设置悬念、制造冲突，以突出节目的戏剧化效果。比如山东卫视的《你好！历史君》将历史上的经典故事、奇闻轶事以喜剧的方式重演。从参与者角度看，选择具有故事性的嘉宾，充分挖掘他们身上的"故事性"。节目关注人背后的人生经历，通过故事品味文化。《朗读者》邀请了翻译家许渊冲先生、"老戏骨"濮存昕、无国界医生、世界小姐等，先让他们将人

---

① 刘刚：《〈诗歌之五〉：原创文化节目的担当》，《光明日报》，2016 年 1 月 4 日第 14 版。

生经历分享给观众，书信里的故事和嘉宾的故事结合在一起，朗诵文章的环节在感染力方面大大增强，在平民视角中多了份生命之美、文学之美和情感之美。《喝彩中国》将参演嘉宾的故事和节目衍生的故事融合在一起。明星读信节目《见字如面》通过写信人的故事自然地引出历史故事、文化故事。

　　文化传播中的娱乐化一直被诟病。但综上可见，娱乐的表达方式有所创新，使之能够契合现代文化形态、现代人的心理结构，这是电视文化节目传播的重要突破。节目的话语表达、人物、故事回归日常生活中，文化节目不再被束之高阁，曲高和寡，而是充满了可看性和娱乐性，集文化、学理、趣味于一体。这正是现代传播方式带来的文化传播新机遇。

（二）社交元素助推文化价值延伸

　　社交化是当前传播的主流形态。微博、微信、客户端等的移动化传播成为常态。在这种情境下，文化节目发展出新的语态表达，社交基因进入节目的内容构建、互动链延伸，实现文化节目在社交媒体上的再次或循环传播。在新媒体的赋权下，观众不再满足于坐在电视机或 PC 端前被动地接受单向传播，微博、微信等打通了观众和电视之间的时差，积极的观众在社交媒体上与节目组或者其他网友互动交流，分享和转发具有话题性的内容。

　　第一，构建文化节目的社交媒体矩阵，建立社交平台（比如客户端）或入驻社交媒体（微信公众号、头条号、抖音），大多数节目几乎都有相应的微博、微信公众号。节目嘉宾在社交平台具有极强的号召力，能够引发粉丝高频率的互动。观众能一边看电视一边刷微博、看微信，进行互动交流，实现极广的传播和多屏互动。

　　《国家宝藏》就分别在微博、微信、头条号、B 站等社交平台开设账号，传播效果显著。据该节目官方微信公众号 2018 年 2 月的推文统计，其官方微博"CCTV 国家宝藏"有 82 万粉丝，微博主话题"#CCTV 国家宝藏#"阅读量达17.1 亿次，官方微博持续三个月单日阅读量均超过 100 万次；九期节目中，其微信公众号阅读数超 10 万的文章有 110 篇以上，节目播出期间几乎保持每天更新内容。《国家宝藏》节目双微平台留存用户数累计破百万。节目相关视频在 B

站播放量破 2 000 万次；① 截至 2019 年 2 月，其头条号有 1 700 多个粉丝。同样截至 2019 年 2 月，《朗读者》的官方微博有 69 万粉丝，关于节目预告、点评、花絮的微博都会得到网友们的关注和讨论。微博话题"#CCTV 朗读者#"阅读量有 23 亿，讨论 403 万次。主持人董卿因主持中央电视台的几档文化节目而出名，粉丝为她开通的微博"董卿倾国倾城官方微博"有 22 万粉丝，每发一条跟节目有关的微博，都对扩大节目的影响力有帮助。比如一条关于董卿访谈许渊冲的微博，转发数 479，点赞数 1 600 多，几百条评论中不少网友表示节目很好看，要继续追下去，还有网友表示"董卿就是我看《中国诗词大会》的第一要素"。关于《朗读者》上海读者见面会的微博，转发数 368，点赞数 1 200 多，评论中有网友表示"每次诗词脱口而出都会想到董卿的节目"。可见社交网络与节目联系之紧密。

第二，社交元素的深度融入。在节目形式、生产环节、内容设置上会取材网络热点，以更符合观众的口味。这不仅丰富了节目选题和形式，还给自身提供了更多元化、更接近大众的选择和表达。节目在播放中会出现跨屏互动的提示，观众打开微信"摇一摇"就可以投票或抽奖。如节目《百家姓》会提示"微信摇一摇，可互动赢取奖品"，《念念不忘》则提示观众"打开手机天猫，全天摇摇摇，红包抢不停"，而脱口秀节目《历史其实很有趣》则在屏幕上展示节目的官方微信公众号二维码，号召观众扫码关注。《念念不忘》有一期节目叫"美丽的皮囊太多，有趣的灵魂太少"，其中于丹讲到梁启超的时候，节目插入了一段设想"如果梁启超有了微信，他的朋友圈会是怎么样的"，还在画面上展示节目组设计的"梁启超微信朋友圈"下面黄遵宪对他的评论。微信朋友圈本是我们这个时代才有的社交网络，但是节目加入对历史人物的社交想象，借以阐述内容，既生动又有趣。浙江卫视的《汉字风云会》制作了名为"考你个字"的多个短视频，每条视频都有上千万次的点击或转发；《喝彩中华》与"天天 P 图"App 合作，推出"戏曲变脸"的活动，仅上线四天便获得 240 万次的转发量，将"喝彩人"的才艺表现用视频形式推送到各大社交平台。

于是，围绕文化节目的大量微视频、碎片化话题或热点话题，在社交平台得到讨论、传播，可以说是节目价值的再生产和再创造，扩大了节目的知名度

---

① 沈策：《是时候将民族最上乘的东西展示出来》，微信公众号"央视综艺国家宝藏"，https://mp.weixin.qq.com/s/N3WS3_PjAJRpK6LqrQxm4A，2018 年 2 月 12 日。

和影响力。《朗读者》播出后，微博上就出现了很多对节目内容进行讨论的话题和文章。《朗读者》公众号阅读量超 10 万的文章有 300 多篇，30 多次登上新浪热搜榜，比如《董卿的〈朗读者〉精华 100 句，只读一遍，获益终生!》和《浙音〈朗读者〉主题讲座文字版整理》等热门文章。电视文化节目主动拥抱互联网，注重用社交化的表达来展示文化精神和内核，不仅获得观众的喜爱，还让人由关注文化，进而发展到了解文化、认同文化。多元化的表达使得文化能够更广、更深地渗透到更多层面上，找到传统文化在当下网络社会的生存、发展之道。

（三）国家政策规制文化节目生产

习近平总书记多次强调树立文化自信、弘扬中华优秀传统文化的重要意义，指出"文化自信，是更基础、更广泛、更深厚的自信"，"中华优秀传统文化是中华民族的精神命脉，是涵养社会主义核心价值观的重要源泉，也是我们在世界文化激荡中站稳脚跟的坚实根基"①。贯彻落实党中央和习近平总书记重要指示要求，传承弘扬中华优秀传统文化，是各级电视媒体义不容辞的职责使命。这也是当今文化类电视节目热的一个主因。电视和网络文艺工作者要更加清醒、更加深刻认识到，引导教育全社会树立文化自信、弘扬中华优秀传统文化，是必须担当好的神圣职责。

国家重视传统文化发展，近年来出台了一系列的政策，从宏观指导到微观操作层面都有详细涉及。这些政策方针对文化节目的生产平台建设、内容结构、风格转变、文化结构等都产生了不可忽略的影响。

比如：①《中华优秀传统文化传承发展工程实施一周年巡礼》一文就指出，"中华文化电视传播"是《关于实施中华优秀传统文化传承发展工程的意见》2017 年 1 月实施以来的成果。② ②国家新闻出版广电总局在以"公益、文化、原创"为发展方向的政策调控之下，歌唱、选秀等引进版权的娱乐节目大幅减少，具有中国特色的文化类自主原创节目比重日益加大。以中央电视台为

---

① 《坚定"文化自信"，须读懂习近平这 6 篇重要讲话》，百家号"新华网客户端"，https://m. baidu. com/sf_baijiahao/s? id = 1636731604991126764&wfr = spider&for = pc&sa = vs_ob_realtime，2019 年 6 月 19 日。

② 中华人民共和国中央人民政府：《激发传统文化新活力　描绘文脉传续新图景——中华优秀传统文化传承发展工程实施一周年巡礼》，http://www. gov. cn/xinwen/2018 – 03/01/content5269885. htm，2018 年 3 月 1 日。

主，各个卫视纷纷推出具有中华文化基因和中国特色的自主创新节目，一大批优秀的文化节目涌现。在中央要求和总局调控下，2016 年以来，广播电视文化节目如雨后春笋般涌现。③习近平多次讲话中提出"绿水青山"的生态文明的重要论述，党的十九大报告强调"必须树立和践行绿水青山就是金山银山的理念"。于是中央电视台在 2017 年 10 月开播的《绿水青山看中国》里，就紧扣时代主题，让选手们在答题的同时，领略祖国的大好河山，丰富地理知识，传播中国历史文化。《朗读者》不但响应了"倡导全民阅读"和"建设书香社会"的国家发展目标，契合了提升媒体价值导向能力的时代主题，更是用文字和情感故事感染人，激发人们的阅读兴趣。在国家政策的核心价值的引导下，收视率的市场诉求和文化传承的文化逻辑共同发力，共同打造了这两年文化节目的新业态。为了更好地表现国家对文化建设的重视，本研究特搜集了近年的相关政策，列举如下（见表 4 - 7）：

表 4 - 7　2013 年以来中国文化节目相关政策一览表

文件或政策	相关内容
《关于积极开办原创文化节目弘扬和传承优秀传统文化的通知》（国家新闻出版广电总局，2013）	倡导各广播电视机构特别是各大卫视深入挖掘传统文化资源，积极开办以弘扬和传承优秀传统文化为主旨的原创文化节目
《政府工作报告》（国务院，2014、2015）	"倡导全民阅读""建设书香社会"
《关于推动文化文物单位文化创意产品开发的若干意见》（文化部等，2016）	探索中国文化资源和文化产业的创造性发展，以更好地传播中国传统文化
《关于大力推动广播电视节目自主创新工作的通知》（国家新闻出版广电总局，2016）	①要求推出具有中华文化基因和中国特色、中国风格、中国气派的自主创新节目；②节目要承载中国梦主题、社会主义核心价值观、爱国主义和中华优秀传统文化，讲好中国故事、弘扬中国精神；③支持鼓励自主原创节目

（续上表）

文件或政策	相关内容
《关于实施中华优秀传统文化传承发展工程的意见》（中共中央办公厅、国务院办公厅，2017）	①以优秀传统文化为素材，推出优秀文艺作品；②加强对中华诗词等传统文化的支持；③组织创作一批传承中华文化基因的节目
《全民阅读促进条例（草案）》（国家新闻出版广电总局，2017）	将全民阅读纳入国家战略
《关于加强真人秀节目管理的通知》（国家新闻出版广电总局，2017）	①主动融入社会主义核心价值观，发挥好真人秀节目的价值引领作用；②植根中华优秀传统文化，大力推动创新创优；③坚持以人民为中心的创作导向，关注普通群众，避免过度明星化；④坚持健康的格调品位，坚决抵制低俗和过度娱乐化倾向
《关于把电视上星综合频道办成讲导向、有文化的传播平台的通知》（国家新闻出版广电总局，2017）	①电视上星综合频道要坚持正确政治方向、价值取向、舆论导向；②倾力讴歌人民群众伟大实践，努力攀登正能量的高峰；③进一步强化电视上星综合频道公益属性和文化属性

　　国家陆续出台一系列政策，探索文化发展、主流价值生产之道，在"有意义"和"有意思"之间寻求平衡，极大地推动了文化节目的发展。这两年涌现的优秀节目，题材新颖、形式多样，节目在创作理念、内容形式上都非常注重对传统文化的探索，尤其在积极探索电视文化节目与主流价值融合传播上取得了不俗成绩。

（四）"人"的价值突显

　　文化节目注重讲述"人"的故事，以人物来串讲文化，是文化节目生产的一个进步。表现在节目从名人、明星或普通人的情感、经历切入进行文化诠释，充分挖掘人物背后的故事，体现人在文化传承中的重要作用。

　　《朗读者》的制作人在分享节目制作理念时说："我们通过谈话把朗读者的个人生命体验建构起来。当说的人和听的人心意相通，情感达到一定饱和度的时候，文本顺势而出。嘉宾在舞台上还原成诚恳的朗读者面貌，在‘我要读’而不是‘我会读’的主动表达中，完成‘以文学之名叩问生命’的使命。"① 所以我们感受到节目里浓浓的情感，如老舍的《宗月大师》表达对恩人的深深感念，柳传志《写给儿子的信》流露出深沉的父爱，梭罗的《瓦尔登湖》传递出对保护生态的殷切期盼……也有现实生活中的不平凡故事，如无国界医生蒋励和她的同事曾在战火纷飞的阿富汗一天接生 40 多个新生儿，野生动物保护者林兆铭一个人照顾 300 多个动物，周小林花费十年时间建造 1 500 亩鲜花山谷实现妻子的梦想……节目通过真情的朗读将质朴生活与高雅文学互通相融。②

很多节目以将文化故事、个人成长、情感体验、背景故事与传世佳作相结合的方式，选用精美的文字，用最平实的情感读出文字背后的价值。《中国诗词大会》邀请各个领域具有影响力的嘉宾进行经典片段的朗读，如蒋雯丽、郑渊洁、老狼、郎平等，其职业包括歌手、导演、作家、演员、体育教练等。节目选择朗读片段时会将其与当期嘉宾的个人经历联系起来，关注现实中人的故事，引发强烈共鸣和感染力。《见字如面》中有黄永玉与曹禺的来往信件、徐志摩与林徽因的来往信件、刘慈欣写给女儿的信等，从古代第一封家书，到当今互联网时代的私人书信，涵盖的内容既有名人轶事、重大历史事件，也有普通人的日常生活。每一封信件的背后都是一段感人的故事，请来朗诵的艺术家表演朴实而有感染力，使节目能够深深打动观众。《国家宝藏》等节目所展示的不再是千百年前毫无情感带入的文物或文字，而是将其变为活生生的存在，以故事为载体、情感为纽带，将千百年前的先人与当下的观众相连，在挖掘古代传统文化情感的同时，也将现代人的情感嵌入，从而于无形中完成主流价值观的表达。

三、文化类节目的不足

在文化节目愈发火热的大背景下，我们依然要认识到，繁荣的背后隐藏着不足和危机。在当下的文化节目市场中，大致存在这样一些问题。

---

① 康薇薇：《文化类节目从火一阵到一直火》，《光明日报》，2017 年 11 月 14 日。

② 刘玮：《这一年电视出了哪些优秀的文化类节目》，微信公众号"广电时评"，http://mp. weixin. qq. com/s/6UcfDH-XNGmMb7rShcVnYQ，2018 年 1 月 14 日。

（一）主题过于集中，形式同质化

目前文化节目主要集中在古代诗词、语言领域，其他主题开发程度有限，这很容易只使部分文化得以传播，造成节目的同质化，而其他文化主题被遮蔽。节目形式上，很多竞赛类节目的赛制、舞美，甚至题库都出现了不同程度的重复，此问题在诗词类、书信类节目里表现更明显。如《中国诗词大会》《中华好诗词》《向上吧！诗词》等节目在结构、流程、风格等方面高度相似，邀请嘉宾有重复性，或有相似的赛制、相似的舞台。除此之外，当文化节目开始启用名人或明星进驻节目后，绝大多数节目都开始采用此模式，造成的现状是，无论节目大小，无论节目的题材如何、形式如何，明星似乎成为标配。这种做法虽然在短期内会产生明显的效果，尤其能吸引明星的粉丝关注节目，但值得注意的是，粉丝的关注更多集中在明星身上，文化并不是他们的聚焦点。过度同质化造成形式僵化，难以提升用户黏性。

（二）营销意识薄弱，商业价值有待进一步挖掘

现代媒体内容丰富多元，受众的注意力作为一种稀缺资源，更是内容提供方或广告商的争取对象。越来越多的电影、电视剧、综艺节目开始选择一定的营销策略。从流程看，营销活动会贯穿整个流程，包括产品前端的生产、中端的内容与后端的接受；从平台看，一般会在网络平台进行立体化、分众化的营销活动；从主体看，营销主体可能是内容生产方、节目参与人、主创人员等多元主体的营销。影视的这种营销符合市场规则的宣传活动，对产品的知名度和影响力提升有助推作用。反观文化节目，营销意识薄弱是普遍现象。部分"现象级"节目多为播出后反响颇佳，从而带动了口碑和收视率，最终赢得观众的认可。但在节目的宣发上，很少能看到有力的宣传、营销。另外，一些文化节目虽然会受广告商青睐和赞助，但其商业价值也远远不及娱乐节目。值得注意的是，文化节目不可能取得娱乐节目的火热程度，如何平衡文化与商业之间的关系是一个亟待继续关注的问题。

除此之外，还有不少文化节目，形式老套，说教气重；在主持人选择、舞台设计、比赛模式等方面也都中规中矩；在多平台的融合传播，尤其移动传播方面仍有很大的改进空间，等等。这些问题的解决，是提升文化节目质量的重要议题。

四、文化类节目发展策略

（一）建设文化节目的新媒体矩阵

2014 年，中央全面深化改革领导小组发布了《关于推动传统媒体和新兴媒体融合发展的指导意见》，推动媒体融合发展正式成为国家战略。不同媒体之间形式的、内容的、文化的融合成为大势所趋。尤其随着以平板电脑、智能手机为代表的移动终端的日益普及，电视传播进入多屏时代，即电视、电脑显示屏、iPad、智能手机等电子设备共同构成了一个现代传播的新平台方阵。跨屏消费成为受众最常见的消费行为。多屏时代虽然表面上分散了受众对于电视的依赖，但实际上却加深了电视内容的黏性。在屏与屏的转换中，受众对电视内容变得更为关注。[①] 同样，尼尔森的一份研究报告显示，"第二屏、社交网络和电视观看行为的融合，正在提升看电视的体验和乐趣，第二屏甚至导致人们看电视的时间延长"[②]。

因此，注重多屏传播是文化节目在融媒体情境下转型，实现传统媒体积极应对新媒体之举，也是效果拓展的路径选择。从内容层面上看，不同媒介以不同的传播逻辑生产相适应的作品。电视、电脑、iPad、手机等电子设备各有其独特的逻辑特征。电视媒介是线性传播模式，而互联网终端应用上的时移点播、断点续播、节点提示等便捷播放方式颠覆了电视节目线性传播的架构。因此，同一内容要有差异明显的表现方式，传递的差异性内容或意义，适应不同媒介使用下的受众需求，比如 74.1% 的网民使用短视频应用，以满足碎片化的娱乐需求。从平台建设上看，要建立文化节目传播的新媒体矩阵，比如微信、微博、客户端、头条号、企鹅号等"两微一端一条一号"，适应文字、图片、短视频等不同内容和风格的文化传播。

（二）开拓新题材，创作多元的文化景观

中共中央办公厅、国务院办公厅印发的《关于实施中华优秀传统文化传承发展工程的意见》中，已经在实践层面为创作者指明了方向。比如，历史文化

---

① 张红军：《论多屏时代电视内容生产和传播策略》，《中国出版》2015 年第 14 期。

② 尼尔森：《边看电视边玩手机能增加幸福感》，腾讯科技，http://tech. qq. com/a/201408 05/078439. htm，2014 年 8 月 5 日。

名城、名镇名村、历史建筑、方言文化、民族传统体育项目、中华老字号、传统历法、节气、生肖、节庆礼仪服装服饰等均在文化传承的范围内，值得文化节目深入挖掘。如前文所述，目前文化节目主要集中在语言、文学领域，造成主题扎堆的现象，造成审美疲劳、资源浪费。中华五千年文明有着丰富多样的文化形态，对联、年俗、古乐器、武术、饮食文化等潜力无穷，四大名著、历史志怪等名著想象吊诡、丰富多彩，它们都是可供挖掘的对象。同时，还要注重地方特色文化的挖掘。中国地域广袤，形成了差异明显的地域文化，因此可以因地制宜寻找突破口，挖掘独特性，以更契合现代受众审美方式的途径展现中国文化的全貌和独特肌理，挖掘更多元的题材，塑造文化的多元化景观。

（三）加强文化节目的移动传播

移动化传播的影响机制也似乎无远弗届。"移动优先"是我国媒体融合发展的举措，也是对原本更自然的信息传播方式的回归。电视的竞争力不仅在于各电视台内部，可能还在于新媒体，其中移动媒体是目前最大的传播秩序的挑战者与重构者。移动媒体生产了新的社会情境和跨越物理空间、深度互动的语境，形成了新的文化传播范式。移动传播成为大众传播的未来形态。据第 42 次《中国互联网络发展状况统计报告》统计，截至 2018 年 6 月，我国手机网民规模 7.88 亿，占网民比例 98.3%。[①] 移动传播使得意义生产和传播的"去中心化"和"碎片化"趋势愈加明显。随着快手、抖音等适合短视频生产的应用软件进入生活，片段式的节目内容得到广泛传播，填补了碎片空间中的受众碎片化的观赏需求，碎片化成为文化节目二次传播的一种不可或缺的形式。在这期间，节目叙事和语言风格也随碎片化的外在传播形式有所改变。因此，注重新媒体碎片化、移动化、社交化的传播特征，构建全媒体传播格局，优化文化传播框架，扩大文化节目传播的范围，拓展了节目创新创优新境界。

除此之外，在文化节目的场景选择上，要有所创新，比如突破演播室录制的局限，在户外进行录制，形式可以多样，以户外的各种场景配合不同的文化主题，实现文化与场景的融合；在嘉宾选择上，选择不同风格、各有特色的嘉宾，避免一个嘉宾主导全场的失衡情况出现；从传播营销上看，文化节目要融

---

① 中国互联网络信息中心：《第 42 次〈中国互联网络发展状况统计报告〉》，http://www.cnnic.net.cn，2018 年 8 月 20 日。

合各种媒介平台，采用有针对性的营销策略；从文化传承上看，节目仍需更深刻地讲解文化内涵，避免泛泛而谈。文化节目的优化要真正进入文化节目的创意、策划、制作、宣发、营销、播出等流程，从全面生产策划到效果反馈，让优秀文化真正滋养受众、塑造受众，从而促进当代文化的实践创新。

第四节　弥散的传统：从流动不居
到移动漂移的博物馆文化

媒介技术的演进之路从未畏葸不前，媒介技术对信息再造的作用越来越明晰。目前，4G 技术已经普遍应用，柔性电子纸、可穿戴设备、5G 技术、VR、AR 等正在飞速发展。所以有学者认为"媒介对社会形态、社会心理都产生深重的影响。同时，一种新媒介的长处，将导致一种新文明的产生"①。媒介技术有一个漫长的演变过程，在文化传承中，不同媒介的内涵、周期、材质不同，对文化的传播也存在着巨大的差异，于传统文化而言也是如此。从报纸到电视、PC 端再到移动媒体，媒介变迁中传统文化传播也不尽相同。按照罗德·伊尼斯的观点，每一种媒介都指向一种文明。博物馆传播便是其中一例。

一、博物馆传播的几种模式

博物馆是一个国家或地区宣传传统文化的重要窗口，北京故宫博物院更是其中的翘楚。故宫博物院始建于明永乐四年至十八年（1406—1420），是中国现存最大、最完整的古建筑群，现有 25 种大类别藏品，总量达到 180 余万件（套），其中珍贵藏品 168 万件，占中国博物馆系统全部珍贵文物的 42%。在移动互联网时代，故宫博物院肩负着向社会大众宣传历史和文化，保护、弘扬历史文明的社会使命。所谓博物馆传播，有学者认为"是指为研究、教育和欣赏的目的，利用博物馆，对人类和人类环境的见证物进行的信息交流、共享的传

---

① ［加］哈罗德·伊尼斯著，何道宽译：《传播的偏向》（中文修订版），北京：中国传媒大学出版社，2015 年，第 72 页。

递行为"①。故此，博物馆传播本质上是一种文化交流与共享的行为。基于故宫博物院的信息化实践历程，现代博物馆传播中广泛运用多媒体、数字化技术等高科技手段使博物馆的传播活动丰富立体。

学界已有研究从传播主体、传播内容、传播形式、传播工具及场所、传播作用及效果等方面论述，传统的博物馆传播与大众传播完全是两种不同的传播模式。学者冯静认为"博物馆具有大众传播媒介的一般特性，但同时在各方面又存在着自己的特点。博物馆在功能上除了进行大众科学传播外，还包含有科研及收藏两大项，功能设置不如真正的（大众传播）媒体专一性强，传播渠道化相对狭窄"②。

因此，博物馆传播的模式主要包括：

一是单向线性博物馆传播模式。博物馆通过实物的简单陈列，搭配博物馆（传播者）对实物的认知理解，原封不动地传递给受众，就算完成了传播，至于受众的需求体验、接受程度等则不在博物院考虑的范围之内。这种模式的缺点是观众群体不明确，缺乏互动。陈晰就以模式图的形式生动形象地阐述了单向线性博物馆传播模式（图4-4）。

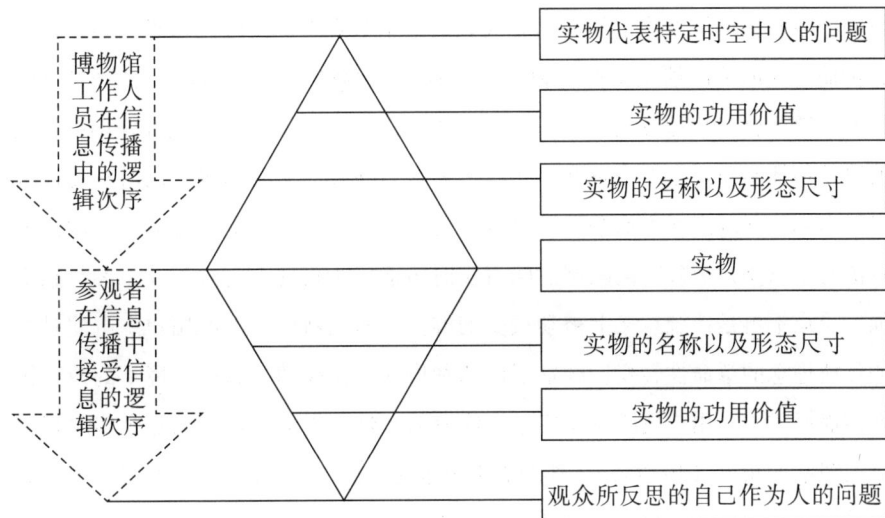

图4-4　单向线性的博物馆传播模式③

① 李文昌：《博物馆的传播学解读——传播学读书笔记》，《中国博物馆》2008年第3期。
② 冯静：《现代博物馆的媒体属性与传播策略》，中国天津欧亚自然历史博物馆高层论坛，2007年。
③ 陈晰：《博物馆传播中符号编译和控制》，《中国博物馆》2005年第4期。

二是交互反馈式博物馆传播模式。针对单向线性博物馆传播模式缺乏互动的弊病，互动反馈式博物馆传播模式稳坐江山。博物馆本着"互动传播"的原则，将博物馆的传播方式转变为一个双向互动的闭环。杨静坤的博物馆传播模式图就生动形象地描绘了这一变化形态（图4-5）。

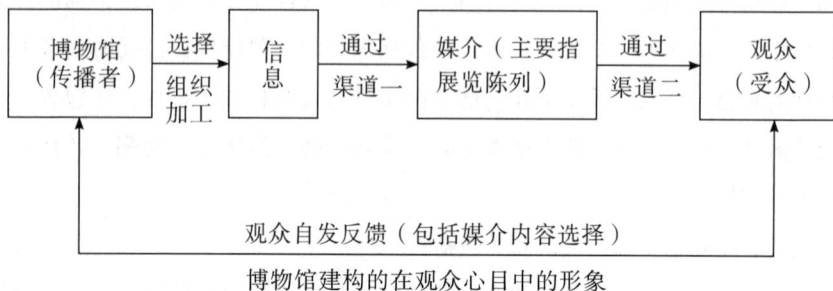

图4-5　交互反馈的博物馆传播模式①

三是博物馆移动传播新模式。移动互联网语境下，移动媒介出现并蓬勃发展，三屏时代宣告登场，尤其是智能手机和移动终端的普及，博物馆的传播模式萌生新改变是大势所趋。故宫博物院原院长单霁翔也曾提出："由于受时间、空间的限制，传统博物馆的展示方式无法满足参观者的个性化需求。但是，信息传播方式的革命催生了博物馆网站、数字化博物馆、虚拟博物馆等的实践，使博物馆文化的传播方式大有不同。"与此同时，有学者认为移动互联网语境下博物馆传播新模式主要表现在：相较于大众传播媒介，移动媒介同时从传播技术层面和传播理念两方面触发革命性转变。在传播技术层面，移动互联网语境打破时空壁垒，突破时空限制意味着实时传播成为可能，受众互动、参与感更强，受众不再是传统意义上被动接受的群体，而是新语境下的用户。由此触发的传播理念的革命性转变，区别于前两种模式，在移动互联网语境下的博物馆新传播模式中，用户更能体现信息接收者的特性，受众通过移动媒介实时将信息反馈给博物馆（传播者），影响博物馆信息的选择、组织加工方式，生成满足受众需求的信息，交互反馈机制更加灵活。

另外，博物馆的传播形式主要有四种：第一种是"面对面交流"方式，这是博物馆最基础的传播形式，即实物和受众共处同一时空，这里也包括围绕实物所展开的讲解、讲座等学术型活动；第二种是"大众传播"形式，博物馆

---

① 杨静坤：《浅谈博物馆的传播功能》，《新闻研究导刊》2014年第15期。

借助报纸、杂志等平面出版物、广播、电视等大众传播媒介进行传播的方式；第三种是依托区别于一般大众传播媒介的互联网的媒介，例如官方网站等来传播；第四种则是新语境下的博物馆传播新方式，即基于移动互联网技术，利用移动媒体进行传播，例如微博、微信等社交媒体和 App，突破时空限制，由传统的个人体验转变为群体参与，赋予受众充分参与感，实时互动得以实现，博物馆的文化辐射力不言而喻。本研究以故宫博物院为例，主要关注博物院在移动媒体上的传统文化传播。

二、故宫博物院移动媒体矩阵

随着社会经济的发展，人们在物质生活得到保障提升的情况下，文化需求日益增长，故宫博物院社会文化价值亟待开发。20 世纪末故宫博物院启动了信息化建设。数字文物的保存只是博物院的第一步，更重要的第二步是要将文物蕴含的价值传播出去。尤其是在移动互联网时代，传播的机遇与挑战并存，如何在移动互联网情境下，利用移动媒介更好地传播也是故宫博物院一直在探索实践的现实课题。面对信息传播环境的变化，故宫博物院采用移动互联网媒介和新兴数字技术，让面向大众的传播方式焕然一新，使传统严肃的博物院文化变得更"接地气"。微信、微博、抖音、故宫系列应用程序等移动媒体都成了故宫博物院传递信息的辅助和延伸。

1. 微博官方号

2011 年，故宫博物院正式推出故宫博物院新浪微博官方账号"故宫博物院"，同年推出腾讯微博号。与此同时，故宫博物院还开设了一系列与故宫相关的微博，根据笔者 2018 年 12 月 5 日的数据统计，故宫博物院已经官方开设包括"故宫博物院""故宫淘宝""故宫博物院官方旗舰店""故宫白点儿""故宫出版社""故宫食品""故宫书店""故宫宫廷文化"8 个官方微博账号，微博粉丝共计约 767 万，共计发布微博 13 549 条，仅"故宫博物院"微博就收获转发 10 467 028 次、评论 1 345 572 条、点赞 6 473 508 次。由此可知，微博上传统文化的传播辐射范围和力量不容小觑。

2. 微信公众号

基于社交软件微信的风靡之势，故宫博物院也开设了一系列微信公众号。根据笔者 2018 年 12 月 5 日的统计，故宫博物院已经官方开设包括"故宫淘宝"

"微故宫""故宫微店""故宫博物院票务服务""故宫宫廷文化""故宫出版""故宫书店""故宫食品""故宫文化创意"在内的 9 个微信公众号，共计发布 823 篇微信推文，其中以"故宫淘宝"微信公众号表现最为突出，仅这个账号就收获 6 396 511 次浏览，点赞 144 679 次。微信是移动互联网情境之下，故宫博物院中国传统文化传播的主阵地之一。

3. 应用程序（App）

移动互联网崛起，伴随着移动智能终端 App 的发展。根据工业和信息化部的数据显示，截至 2018 年 5 月，我国市场上监测到的移动应用程序在架数量为 415 万款，较 2017 年仍有 15 万的增长。目前，我国本土第三方应用商店移动应用数量超过 233 万款。App 的涌现也佐证了移动传播的趋势，故宫博物院也采用 App 来传播中国传统文化。

截至 2018 年 11 月，故宫博物院已经自行开发了包括"胤禛美人图""紫禁城祥瑞""皇帝的一天""韩熙载夜宴图""每日故宫""故宫陶瓷馆""清朝皇帝服饰""故宫展览""故宫社区"在内的 9 个移动客户端 App。9 个不同主题的 App 旨在通过各种不同的 App 形式表现故宫收藏的 180 万件文物，力图从年龄上、知识层次上对不同需求、不同接受方式的公众实现有针对性的对位展示。

4. 其他移动媒体平台

除微博、微信两大移动媒体平台之外，还可在市场上的其他移动 App 上开设账号，例如 QQ、豆瓣、知乎、快手、抖音短视频等。如故宫博物院在抖音上也开设了官方账号"故宫博物院文化创意馆"，截至 2018 年 12 月 5 日，该账号粉丝 81 000 人，拍摄的抖音短视频共获赞 130 000 个，其中拍摄的故宫大雪的视频获得 106 000 个赞，可见其内容备受受众喜爱。

鉴于作为移动媒体的微博、微信自身的巨大影响力和微博、微信、App 对传统文化的多元传播实践，下文以故宫博物院的微博、微信、App 为研究对象，探讨移动媒体是如何呈现和传播传统文化的，其传播过程又具备怎样的特点。

三、微博：多主体、多模态叙事

本部分选取故宫博物院具有代表性的新浪官方微博——"故宫博物院"为研究对象，研究其开设至今发布的全部微博文本。之所以选择微博"故宫博物院"，是因为相较于故宫博物院在其他平台上开设的微博，新浪微博具有不可比拟的优势。第一，相对比腾讯微博、百度微博等，新浪微博经营早、模式成熟，据 2018 年 5 月 9 日新浪微博发布的 2018 年第一季度财报，"月活跃用户达到4.11 亿，月活跃用户移动端用户占比 93%"①。第二，由故宫博物院开设的新浪微博"故宫博物院"在 2018 年 12 月的政务微博文化榜中排名第一，粉丝数超 611 万，粉丝量最多，影响力大。第三，"故宫博物院"作为故宫博物院官方微博，于 2010 年 3 月 5 日开通账号，截至 2018 年 12 月 29 日，已经发布微博8 304 条，样本丰富多样，更具代表性。微博作为移动端用户聚集的移动社交媒体之一，故宫博物院在其开设的"故宫博物院"官方微博上如何进行中国传统文化的呈现与传播，其过程中传统文化自身又有哪些变化，都值得探究。

1. 内容偏好：书画器物

本研究通过 Python 语言编写程序，对"故宫博物院"博文数据抓取后统计出文本中出现频率较高的关键词，过滤掉大量的低频低质的文本信息，并且通过代码生成"故宫博物院"微博高频词云图（见图 4 - 6）。依照其词频排序明确文本内容的"主题偏好"，以期对全部文本内容进行"管中窥豹"的探索，把握整体的情境。

图 4 - 6　"故宫博物院"微博高频词云图

根据高频词云图生成原理，词语出现频率越高，体积越大越突出，如高频词云图所示，排除"转发""观众""院长"等无争议词，故宫博物院（"故

①　《微博月活跃用户突破 4 亿人》，《中国地市报人》2018 年第 6 期。

宫"）是微博文本内容传播的核心主体，这一主题词蕴含两层含义：一是故宫博物院（"故宫"）是微博文本内容的生产传播的主体；二是与故宫博物院（"故宫"）相关联的传统文化，如书画、文物、传统、装饰、工艺等词汇都显示突出，是微博传播的主要内容。

2. 热门微博：明星效应、热点加持和多媒体表达

为了进一步厘清"故宫博物院"微博中中国传统文化内容呈现与传播的内在机理，笔者采取抽样法，对"故宫博物院"中转发量、评论量、点赞量总和数值前十的微博内容进行文本分析（见表4-8），并且进行具体阐释，主要有以下两点发现：首先，微博在中国传统文化呈现和传播过程中有名人和社会热点加持，中国传统文化通过名人的再演绎与互动，结合社会热点再呈现，收效甚好；其次，微博在呈现传统文化时具有多模态叙事特征。

表4-8 "故宫博物院"微博转赞评总数排行榜前十

转评赞（次）	微博话题	配图（视频）	"@"明星互动	社会热点
2 355 108	#古画会唱歌#	易烊千玺演唱视频	@TFBOYS-易烊千玺	无
1 194 990	#上新了故宫#	上新了故宫海报	@邓伦 等	无
932 250	#上新了故宫#	节目预告视频	@邓伦 等	无
660 501	#上新了故宫#	节目预告视频	@邓伦 等	无
540 870	#中国的筷子#	中国各朝代的筷子	无	DG辱华事件
276 208	#紫禁城的初雪#	紫禁城雪景大图	无	初雪
165 516	#紫禁城的瑞雪#	紫禁城瑞雪大图	无	无
149 704	#紫禁城的初雪#	紫禁城雪景大图	无	初雪
132 860	#紫禁城初雪#	紫禁城雪景大图	无	初雪
115 651	#爱上这座城#	紫禁城红月亮大图	无	红月亮

微博基于自己的内容生产和传播机制，设置的实时"@"明星互动、发起微博话题"#××××#"等互动方式，使名人效应发挥得淋漓尽致。笔者抓取"故宫博物院"微博首页数据，依据转发量、评论量、点赞量总和数值进行排

序，确定前 10 名的微博样本，转评赞数量前 4 名都"@"明星互动，名人效应凸显。尤其是"#古画会唱歌#"系列中，故宫与腾讯三年合作成果暨 NEXT IDEA 音乐创新大赛宣传视频中，易烊千玺演唱基于《千里江山图》创作的歌曲《丹青千里》视频，截至 2018 年 9 月 26 日，博文"@TFBOYS - 易烊千玺"实时互动，微博被转发 220 万次、评论 17 849 条、点赞 13.5 万次。

值得注意的是，除了名人效应的加持，在移动媒介微博上中国传统文化与社会热点结合传播的特有属性突出。2018 年 11 月 21 日，意大利当代时装设计师品牌杜嘉班纳（Dolce & Gabbana，简称 DG）在 Instagram 和微博上分别发布了名为"起筷吃饭"的带有辱华性质的预热视频，并且其创始人在社交平台公然发布辱华言论。舆论持续发酵，事件受到社会各界的高度关注，网友热烈参与讨论。微博话题更是层出不穷，截至 2019 年 4 月 21 日，"#杜嘉班纳#"阅读量 22.3 亿次，讨论量 1950.2 万次；"#DG 涉嫌辱华#"阅读量 6.2 亿次，讨论量 9.3 万次；"#DG 大秀取消#"阅读量 8.7 亿次，讨论量 14.7 万次；"#DG 用中文道歉#"阅读量 5.1 亿次，讨论量 11.8 万次；"#DG 再发声明#"阅读量 6.7 亿次，讨论 8.2 万次。由"起筷吃饭"系列视频所引发的杜嘉班纳辱华事件演变成典型的社会热点，故宫博物院结合这一社会热点，发布博文"#中国的筷子#，每一双，都不简单"，同时配上唐、清几代的筷子藏品。微博话题"#中国的筷子#"阅读量 5.6 亿次，讨论量 268 万次，微博转评赞量更是超 54 万次，不仅传达中国态度，还传播了中国传统文化。

除了突发性社会热点，社会热议话题也成为传播中国传统文化的载体。依据表 4 - 8，不难发现，连续几年紫禁城初雪图都收获较高的转评赞。初雪，原意指入冬后的第一场雪，在韩剧中经常被作为爱情的意向嵌入剧情，如《来自星星的你》中说下初雪时撒谎会被原谅，《总理和我》中说下初雪时许愿就会实现，《想你》中说下初雪时要见最想见的人，《需要浪漫 3》中说下初雪时应该和爱的人在一起。初雪时吃炸鸡喝啤酒的话题也一时火爆社交网络，至此初雪成为爱情、浪漫的意向，成为社会热点关注对象。同样被故宫博物院"蹭热点"的还有"红月亮"。2018 年 1 月 31 日 19 时 47 分出现一轮"红月亮"，引发全民参与讨论，这一社会热点也体现在故宫博物院的博文中。故宫博物院在紫禁城拍摄了一组"紫禁城红月亮"图，一轮红月悬挂在紫禁城的天空，传统建筑的剪影矗立其下，美轮美奂。

移动媒体建构的跨越物理空间、深度互动的语境，保证了传统文化的无处不在。"@"明星互动、实时结合热点传播传统文化都因为媒体、受众的移动特性而得以实现。

为了进一步探析作为移动媒体的微博对传统文化的传播特性，以其中国绘画传播为例，笔者选取故宫博物院官方微博"故宫博物院"为研究对象，对其2017年11月20日—2018年11月20日共863条微博进行归纳分析发现，除了文字这种基本形式外，"故宫博物院"微博中"中国绘画"的微博传播形式主要分为三种形式：图片（超高清图、超高清壁纸、绘画日历图）、音频、视频。笔者以转发数、评论数、点赞数为衡量标准，分别在这三种呈现形式中抽取转发数、评论数和点赞数平均值最高的博文（见表4-9）。

表4-9 "中国绘画"微博呈现实例

中国绘画	呈现形式		配文
《南极寿昌图册》	图片	截取《南极寿昌图册》的内容制作成超高清大图	#秋日话缤纷#《史记》记载，"狼比地有大星，曰南极老人。老人见，治安；不见，兵起"。李白也曾言，"衡山苍苍入紫冥，下看南极老人星"。南极老人是我国民间传说中的一位神仙，象征长寿。今天是我国传统节日重阳节，古人尚登高祈福、饮菊花酒、啖重阳糕，许多习俗流传至今，大家有没有陪长辈们准备起来呢？别忘了祝他们福寿安康哦～
《蒋嵩渔舟读书图轴》		将《蒋嵩渔舟读书图轴》制作成高清壁纸	#紫禁雅集#2018年11月份的壁纸来啦～无水印，各种尺寸，适合各种终端，快去故宫官网下载～http://t.cn/RaRFNS4
《胤禛妃行乐图轴》		绘画日历：左半部分为《胤禛妃行乐图轴》及简介，右半部分为日历	#让我们一起来读日历#清，佚名，胤禛妃行乐图轴。此图是十二幅胤禛妃行乐图中的一幅，绘仕女手捻珠串倚桌而坐，静心观赏宠物猫的闺房生活。此图的取景面很小，仅透过二分之一的太阳门来刻画繁复的景致，但是由于画家参用了西洋画的透视法，将远、中、近三景安排得有条不紊，从而扩展了画面空间的纵深感，显得意韵悠长。窗下钟声滴答，近处猫咪玩闹，时光便在这似有似无中悄悄流逝

（续上表）

中国绘画	呈现形式		配文
《千里江山图》	音频	古画会唱歌系列，由易烊千玺演唱基于古画《千里江山图》创作的歌曲《丹青千里》，恢宏壮阔	曾经，在故宫，观画即静；如今，在一幅幅传世名作前，将有旋律流淌。让#古画会唱歌#，正如大赛推广曲唱演人@ TFBOYS－易烊千玺一样，展开历史画卷，这一次将《千里江山图》幻化成一曲恢宏壮阔的《丹青千里》，视听萦绕将大国底蕴传递。故宫博物院还将精选十幅馆藏名画，加入#腾讯 NEXT IDEA×故宫×QQ 音乐#音乐创新大赛，期待更多的你用音乐来诠释经典
	视频	易烊千玺化身为《千里江山图》中的古人，进入动态流转的画卷，带领观众游历千里江山	

由此可见，传统文化在微博上的移动传播具有显著的多模态叙事特征。"媒介内容的多模态范式是指使用不同的符号方式（文本、图像、音频、视频）唤醒不同感官（听觉、视觉、触觉）的传播结构。"[①] 微博传统文化文本构成兼具文字、图片、音视频等多种传播载体。移动传播语境之下，信息、受众都处于随时随地的移动之中，不同的符号方式实时唤醒受众的不同感官，营造出丰富立体的传播氛围，以轻松、活泼的形式，构成传统文化移动传播的多模态叙事景观。

四、微信：故事化、感官化、网络化改编

本部分选取故宫博物院具有代表性的微信公众号——"故宫淘宝"为研究对象，选取开设至今（2018 年 11 月 20 日）发布的全部微信文本。之所以选择微信"故宫淘宝"，是因为相较于故宫博物院开设的其他微信公众号，"故宫淘宝"具有不可比拟的优势：第一，相对故宫博物院其他微信公众号，"故宫淘宝"不仅能科普故宫知识，还会"卖萌"，将故宫文物与故宫文化的知识性和

---

① 晏青等：《电视剧跨媒体叙事的转向与逻辑》，《中国电视》2017 年第 8 期。

趣味性通过微信媒介、各种文创产品生动地呈现、传达，使之更容易被年轻人接受并喜爱；第二，自2013年9月16日开通以来，截至2018年11月20日，共推送消息228篇，其中有高达26篇阅读量"10万+"的朋友圈爆款推送，比如《朕是如何把天聊死的》《从前有个皇帝他不好好读书》《朕生平不负人》等，是现代化弘扬传统文化中的佼佼者。文本内容更具代表性，更具有研究意义。微信公众号作为移动端用户聚集的移动媒介之一，故宫博物院在移动平台上开设的"故宫淘宝"微信公众号，如何进行中国传统文化的移动化传播，值得探究。

1. 内容偏好：书画器物和历史故事

本研究通过Python语言编写程序，对"故宫淘宝"微信公众号推文数据抓取后统计出文本中出现频率较高的关键词，过滤掉大量的低频低质的文本信息，并且通过代码生成"故宫淘宝"微信公众号高频词云图（见图4-7）。

图4-7　"故宫淘宝"微信公众号高频词云图

如高频词云图所示，排除"设计师""组成""又称"等无争议词汇，故宫博物院（"故宫"）仍旧是微信公众号文本内容传播的核心主体，与微博无异。传统文化是传播的核心内容，如"皇帝""皇后""宫廷""清宫""历史故事""官员"等词汇都显示突出。值得注意的是，人物是文本内容中的连接点，众多词语都和"皇帝"（雍正、乾隆）一词连接，表明以人物为主线的故事化讲述是文本的主要叙事形式。

2. 热门推文：网络用语和表情包运用

为了进一步厘清故宫博物院微信中中国传统文化内容生产和传播融入的内在机理，笔者采取高频词分析法，对"故宫淘宝"中共 26 篇阅读量超过 10 万的微信文本进行分析，除去中国传统文化常见词外，确定出现频次位于前 10 的关键词，并且进行具体阐释（见表 4 - 10）。

表 4 - 10 "故宫淘宝"热门推文词频列表

词	频次（次）	含义解释
四爷	19	四爷特指雍正皇帝，多以网络小说和电视剧男主角出现
历史故事	16	集中位于每天文章开篇，以讲述故事的口吻撰写文章
萌萌哒	13	网络词汇，意为"太可爱了"，是"特别萌"的可爱用法
颜值	12	网络词汇，颜，颜容外貌；值，分数。可用来评价人物容貌
卖萌	11	网络词汇，"刻意显示自身的萌"，故作可爱状，打动别人
么么哒	9	网络词汇，亲吻之意，引申为对某人的钟情与喜爱
霸道总裁	8	出自网络小说，"玛丽苏"附属产物，高大英俊、多金深情的总裁
idol	6	中文译为"偶像"，一般直译为"爱豆"，多指大众偶像、娱乐明星
真爱粉	5	指一种粉丝群体，对待自家偶像专一且长期，懂得把握分寸
Duang	3	出自成龙代言的广告，指"加特效"，戏谑性表达"很好玩"

主要有以下两点发现：首先，故事化是微信传播中国传统文化的核心叙事方式，在 26 篇阅读量超过 10 万次的微信推文中，有 16 篇文章以讲述故事的口吻展开，包括但不限于"宫斗故事""悲伤历史故事""任性皇帝故事""悲剧故事"，这些故事集中位于推文开篇处，全篇以此为契机按照历史故事自然展开；其次，故宫博物院微信文本频繁使用"萌萌哒""卖萌""么么哒""真爱粉"等网络语言，并且将帝王和受众之间的关系描述为"idol"与"真爱粉"之间的关系，甚至借用网络文化，把帝王定义成高大英俊、多金深情的"傲娇"霸道总裁，中国传统文化符号通过网络文化被转化成大众文化符号。

虽然微信推文是"短平快"的内容和形式，但是却十分注重故事化，侧重于采用网络表情包、网络语言等增强内容连贯性。微信公众号呈现中国传统文化时叙事方式偏向故事化，吸收网络文化形式，核心体现在多运用网络语言、表情包等。

在移动互联网时代，随着媒体出现的还有"表情包"这一流行文化。人们的交流互动方式发生变化，由最早的纯文字交流逐步演变为各式各样的表情包交流。与网络词汇不同，人们使用表情包时将表情视为非语言性信息，即人们把表情包作为一种交流中的情绪来解读，这一过程与解读面对面交流中的表情、语气、姿势有异曲同工之妙。通过键盘实现非语言性交流是表情包的重要意义之一。笔者对"故宫淘宝"中共 26 篇阅读量超过 10 万次的微信文本进行分析，26 篇推文全部都运用了表情包，其中包括"故宫淘宝"自制的帝王系列表情包和流行元素表情包两大类。表情包运用位置较为随意，并无固定模式。表情包作为非语言性文字，在微信推文中的运用对传授过程中双方能否准确传递、理解信息起着重要作用。相对比微博博文中表情包额外丰富文字内容的功用，微信推文中的表情包成为故事化的连接器和润滑剂，以表情包内容和形象载体串联上下文情境，能上下衔接实现情绪和内容的连贯过渡，还能以幽默搞笑的方式来实现内容的连贯和情绪的表达，引发受众的共情。

为了进一步探析作为移动媒体的微信对传统文化的传播特性，以其中国绘画传播为例，笔者选取刷屏网络的推文《雍正：感觉自己萌萌哒》进行分析。

《雍正行乐图》由清代的风行者创作。在这套行乐图中，雍正皇帝化身为各种身份，或是文人雅士或是神话人物，如松间弹琴的高士、身披蓑衣独钓寒江的老渔翁、山间题诗的文人、手拿钢叉斗猛虎的勇士……记录了一个最真实的雍正。雍正帝一向以性格多疑、心狠手辣、杀伐果断为人们所认知，但是雍正帝留下的众多行乐图，却从另一面展现了一代帝王身上的自信坦然、幽默风趣。故宫博物院文化服务中心官方微信账号"故宫淘宝"基于流传的《雍正行乐图》，从其中挑选八张图画，通过数字技术进行"改编"，制作出动画版《雍正行乐图》，并且配上带有网络热词的解说（见表 4 – 11）。

表 4 – 11　《雍正行乐图》微信呈现内容

绘画内容	绘画呈现	微信配文
雍正濯足图	雍正濯足动态图：雍正帝身坐江边，将双脚放入水中，偶尔会双脚相蹭	"朕……脚痒……" ⊙_⊙ 好生性感的脚丫！

（续上表）

绘画内容	绘画呈现	微信配文
雍正猎虎图	雍正猎虎动态图：雍正帝身穿洋装，手拿钢叉，和洞中的老虎对峙	"有种你进来！""有种你出来啊！"
雍正逗猴图	雍正逗猴动态图：雍正帝手拿苹果逗弄树上的小猴子，欲给不给	"请自行脑补猴子此时的内心独白……"
雍正乘凉图	雍正乘凉动态图：雍正帝手拿扇子，斜躺着欣赏荷花，手和脚有节奏地晃动，甚是悠闲	"有时候，朕只想安安静静地做个美男子……"
雍正看书图	雍正看书动态图：雍正帝手拿书卷专心阅读，脚前放着一盆炭火，熊熊燃烧	"朕就是朕，颜色不一样的烟火。"
雍正射箭图	雍正射箭动态图：雍正帝拉弓射箭，鸟儿先箭一步飞到前方天空	"你飞向前方自由翱翔，朕却始终跟不上你的脚步。好累"
雍正垂钓图	雍正垂钓动态图：雍正帝扮作钓鱼老者，专心致志地钓鱼，每10秒后鱼竿会抬起	"此图必须观看 10 秒以上！"
雍正书写图	雍正书写动态图：雍正帝手拿毛笔，站立着在山石上题字，身后一只小鹿驻足观看，灵动可爱	"朕的字极佳。话说朕的抄经本诸位都买了吗？"

由此可见，传统文化在微信上的传播具有明显的感官化倾向，通过将静态的绘画作品动态化，使行乐图中的雍正动起来，以更加生动地作用于受众视觉体验的方式重新解读帝王，瞬间"萌"翻了广大网友，网络阅读量超过 80 万次。

五、App：文化元素的技术嵌入与富媒体交互设计

截至 2018 年 11 月，故宫博物院已经自行开发了包括"胤禛美人图""紫禁城祥瑞""皇帝的一天""韩熙载夜宴图""每日故宫""故宫陶瓷馆""清朝皇帝服饰""故宫展览""故宫社区"在内的 9 个移动客户端 App（见表 4 - 12）。9 个不同主题的 App 旨在通过各种不同的 App 形式表现故宫收藏的 180 万件文

物，力图从年龄上、知识层次上对不同需求、不同接受方式的公众实现有针对性的对位展示。

表 4 – 12　2013—2018 年故宫博物院上线 App

上市时间	App 名称	核心内容
2013 年 5 月	胤禛美人图	十二美人图，主要表现清朝妃嫔皇家生活的主题画
2014 年 4 月	紫禁城祥瑞	主要展示中国传统龙、麒麟、凤凰等八大瑞兽的文物品鉴和游戏
2014 年底	皇帝的一天	专为儿童（9～11 岁）开发，帮助了解清代皇帝一天的衣食起居、办公学习和休闲娱乐
2015 年 1 月	韩熙载夜宴图	以"连环画"的构图叙事形式表现听乐、观舞、暂歇、清吹、散宴五个段落
2015 年 2 月	每日故宫	日历形式，每日推出一款藏品介绍，可随时记录心情，通过主流社交媒体分享
2015 年 4 月	故宫陶瓷馆	主要介绍故宫文华殿的四百余件展品，图片和文字可随之进行 360 度的旋转，并配合语音介绍
2015 年 9 月	清朝皇帝服饰	主要介绍传统的织绣工艺作品、清代皇帝的服饰，以及传统服饰的绘图、工艺流程
2015 年 12 月	故宫展览	可以全天候访问线上展厅，全景虚拟漫游，全岗位浏览展品信息，可作导览地图
2017 年 5 月	故宫社区	整合故宫资讯、建筑、藏品、展览、学术、文创等十余类相关文化资源与服务形态，粉丝可"入住"故宫，建造宅院

1. 传统文化元素技术嵌入

故宫自行开发的 App 将传统文化元素嵌入 App 设计，具有浓厚的中国文化特色。传统文化元素被挑选出来，融入到 App 设计之中。比如，App 的图标设计。"韩熙载夜宴图" App 以韩熙载画中形象为图标主要内容，色彩选用上也沿用古画的颜色，书香笔墨的气息浓郁。又比如中国龙、皇帝、黄袍等被作为传统文化符号应用到 App 的图标设计之中（见图 4 - 8）。

图 4 - 8　故宫自行开发的 App 图标（部分）

除图标设计之外，App 移动内容的生产也巧妙嵌入了传统文化元素。比如"每日故宫"App，就将中国传统文化中的文物藏品、绘画、瓷器等内容融入到每日日历的设计中，绘画的内容、瓷器的纹饰、藏品的配色都与每日日历内容的生产相契合，巧妙地传播了传统文化（见图 4 - 9）。

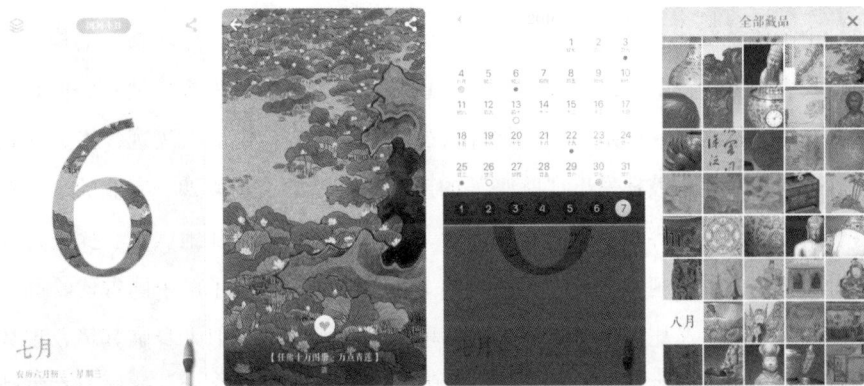

图 4 - 9　"每日故宫"App 界面截图（部分）

2. 移动端富媒体交互设计

追求场景设计与富媒体交互体验。故宫自行开发的 App 在呈现传统文化时更加追求场景营造，致力于通过富媒体交互设计提升受众的体验。例如"韩熙载夜宴图"App，依据三层立体赏析模式——总览层、鉴赏层和体验层进行场景分析（见表 4 - 13）。

表 4 – 13　"韩熙载夜宴图" App 富媒体交互体验设计

赏析模式	交互体验设计
总览层	画卷缩小为一屏，所有场景的资源一览无余，用户可快速观看
	画卷可生成完整长图，分享至微博、微信好友、微信朋友圈
	点击"后记"，可进行画卷延伸阅读，点赞最喜欢的故宫十大名画
鉴赏层	点击图标，听故宫专家视频讲解画卷
	点击图标，听旁白解析画卷内容和创作
	点击图标，真人视频展现李姬弹唱、软舞六幺、乐伎清吹
体验层	指尖所至之处半径五厘米内似有烛光追随，有秉烛赏画的意境
	指尖所触为画中人物或器具，稍作停留则可见真人演绎及文字介绍
	"烛光"忽闪忽闪，似有清风拂过，笛音绕耳，颇有古典意境
	指尖停顿，画中人变成真人，在画中演绎弹唱、歌舞、清吹

　　中国传统文化在 App 上呈现中国古代绘画作品时，以"连环画"的构图叙事形式表现各个情节，既有扁平化的信息交付，也有动态内容反馈。比如真人入画，烛光抵达后，李姬弹唱、软舞六幺、乐伎清吹会由真人表现，击鼓的韩熙载也会缓缓落下鼓槌发出"咚咚"的声响。高清的文物影像、专业的学术资料、丰富的媒体内容和创新的交互设计，可以让观众随时随地欣赏、探究这幅传世经典中的种种精妙之处，在鲜活的文化体验中，深入了解中国古代绘画作品的非凡魅力。又比如，指尖放大画面可仔细赏画，就好似人身临其境，现场近身赏画一般。"烛火"追随，忽闪忽闪，更有异曲同工之妙，就好似在秉烛赏画，化身作者视角，跟随作者一起潜入韩府观看韩熙载夜宴场景一般。App在传统文化传播呈现上追求场景设计与富媒体交互体验，以求最全面丰富地呈现传统文化，并且给人以最真切的体验。

　　移动客户端传统文化元素的设计嵌入与富媒体交互体验追求还体现在故宫自行研发的传统文化游戏 App 中。故宫博物院专为 9～11 岁儿童开发的移动客户端游戏《皇帝的一天》就通过游戏的方式，帮助孩子们了解清代皇帝一天的衣食起居、办公学习和休闲娱乐。活泼的手绘画风，可爱的宫廷人物，趣味还原昔日紫禁城的生活场景，深度展现皇帝一天的生活细节（见图 4 – 10）。

图4-10　游戏《皇帝的一天》截图（部分）

与此同时，App 还采用了有趣的交互式地图，结合了解密、收集等流行的游戏元素，需要不断完成各种任务才能进入下一个生活场景——"5 点就要起床？皇帝不能偷懒多睡一会儿吗""一天两顿饭？堂堂的皇帝竟然得饿着""一生写了 4 万多首诗？一天射了 300 多只兔子？文武双全啊""原来紫禁城里也有连续剧看啊"……"银牌试毒""百步穿杨""粉墨登场"等精心制作的小游戏趣味横生，更可以将好成绩实时分享；孩子们还可以在乾清门外的小狮子的带领下，了解清代皇帝的一天十二个时辰如何度过，以此了解故宫文化与传统文化。从实地参观故宫博物院，现场听讲解员讲解到自行下载游戏，通过寓教于乐的方式介绍故宫文化与传统文化，追求轻松、娱乐、消费。强调对话性、接受性、交互性成为传统文化移动传播实践的关键词。

六、结语

麦克卢汉认为"媒介即讯息"，"任何媒介（即人的任何延伸）对个人和社会的任何影响，都是由于新的尺度产生；我们任何一种延伸（或曰任何一种新的技术），都要在我们的事物中引进一种新的尺度"。[1] 哈罗德·伊尼斯认为"一种新媒介的长处，将导致一种文明的产生"。[2] 媒介发展过程也是人类文明的发展过程。媒介发展史上，迄今为止已经历经五次变革，至此已经衍生出口语媒介、文字媒介、印刷媒介、电子媒介和数字媒介五种媒介形态。每一次变革都诞生一种新的媒介形态，媒介与文化关系密切，不同的媒介形态对文化的

---

① ［加］马歇尔·麦克卢汉著，何道宽译：《理解媒介——论人的延伸》，北京：商务印书馆，2009 年，第 33 页。

② ［加］哈罗德·伊尼斯著，何道宽译：《传播的偏向》（中文修订版），北京：中国传媒大学出版社，2015 年，第 72 页。

传播方式和话语体系带来深刻的影响。

移动互联网语境下，移动社交媒体滋生出跨物理空间、深度互动的语境，形成了新的文化传播方式。移动媒体也以独特的方式建构、展示着传统文化。面对传统文化不容乐观的生存现状，即大众文化的秩序之下，传统文化没有话语权。"传统文化传播在很多领域表现不均衡，而沦为边缘的'他者'。"① 深谙现代社会文化传播方式和话语体系的移动社交媒体采用碎片化、娱乐化、社交性、交互性等编码方式，构建出一种历史感与现代感并存的传统文化输出模式，给受众建构传统文化认同与体验"空间"，将传统文化编码进现代社会，从时空、渠道、叙事、仪式、产业五个面向重构传统文化，使传统文化在现代社会中重新焕发活力。

与此同时，移动传播过程中传统文化的传播重构也暗含着传统文化的传播趋势，从媒介选择到媒介共存，传统文化的媒介生态逐渐完善；移动传播中跨越空间限制的特性则预示着移动场景将会成为传统文化移动传播的主要进路之一；从传统文化到传媒文化，传统文化日渐融入当代传媒文化场域之中。

当然，值得注意的是，媒介技术是一把双刃剑，重构与消解就像是硬币的两面，互相痴缠，彼此影响，同步进行。移动传播在重构传统文化的同时，也从文化意境、文化价值、文化真实等三个面向消解着传统文化。其一，中国传统文化为了适应移动平台的传播特性，完整、和谐、统一的意境被强行切割成碎片。然而，信息的零碎呈现致使完整信息蕴藏的意境被切割，影响文化呈现和意境的完整传达。其二，移动媒体不仅仅是一个社交空间，也是一个消费空间。一篇科普"中国红"的文章，文章末尾可能是中国红系列的新春礼盒的图片；一篇详细介绍雍正与年羹尧之间关系的历史故事的文章，可能指向周边产品的购买；一篇科普中国山水画的文章，自然也会提供绣有中国山水画的古风香囊……传统文化的移动媒介生存无法避开消费社会的语境，传统文化的现代化生存离不开商业化、产业化的途径。因此，传统文化本身的文化价值就屈服于商业价值，传统文化自身的文化价值变成商业化和产业化的配角，工业逻辑凌驾于文化逻辑之上，商业价值成为主角。其三，相对比传统的大众传播媒介，移动媒体不仅只动摇了"真实"。移动媒体上的"现实主义狂欢"规模更为盛

---

① 晏青、郭盈伶：《去他者化：传统文化的传播偏误与规避反思》，《重庆邮电大学学报》（社会科学版）2014 年第 5 期。

大，加剧了复制品文化的衍生和真实传统文化的消失，真实的传统文化被超越，传统文化屈服于"超真实"，即屈服于移动社交媒体平台上被编码的传统文化。尽管，从多元文化混杂的环境中撤退，从而回归到原本的传统文化中去是不可行的，但是在日益复杂的文化环境中摸索出建构传统文化的途径已不同于以往，也是对现实状况的清醒认识。

参考文献

1. 陈伟军：《社会思潮传播与核心价值引领》，北京：人民出版社，2015 年。

2. 葛兆光：《宅兹中国》，北京：中华书局，2011 年。

3. 金观涛、刘青峰：《中国现代思想的起源：超稳定结构与中国政治文化的演变》，北京：法律出版社，2013 年。

4. 陆扬、王毅：《文化研究导论》，上海：复旦大学出版社，2006 年。

5. 隋岩：《媒介文化与传播》，北京：中国广播影视出版社，2015 年

6. 孙英春：《跨文化传播学》，北京：北京大学出版社，2015 年，第14 页。

7. 晏青：《神话：理解中国传统文化的媒介化生存》，北京：中国社会科学出版社，2015 年。

8. 晏青主编：《娱乐传播研究读本》，上海：上海交通大学出版社，2018 年。

9. 赵汀阳：《天下的当代性：世界秩序的实践与想象》，北京：中信出版社，2016 年。

10. 赵毅衡：《符号学原理与推演》（修订本），南京：南京大学出版社，2016 年。

11. 赵毅衡：《哲学符号学：意义世界的形成》，成都：四川大学出版社，2017 年。

12. ［丹］克劳斯·布鲁恩·延森著，刘君译：《媒介融合：网络传播、大众传播和人际传播的三重维度》，上海：复旦大学出版社，2015 年。

13. ［德］安斯加·纽宁、［德］维拉·纽宁主编，闵志荣译：《文化学研究导论：理论基础·方法思路·研究视角》，南京：南京大学出版社，2018 年。

14. ［德］亚斯著，王佩莉、袁志英译：《文明的进程：文明的社会发生和

心理发生的研究》，上海：上海译文出版社，2013 年。

15. ［法］程艾蓝著，冬一、戎恒颖译：《中国思想史》，郑州：河南大学出版社，2018 年。

16. ［法］哈布瓦赫著，毕然、郭金华译：《论集体记忆》，上海：上海人民出版社，2002 年。

17. ［法］亨利·列斐伏尔著，李春译：《空间与政治》（第二版），上海：上海人民出版社，2015 年。

18. ［荷］迪克著，曾庆香译：《作为话语的新闻》，北京：华夏出版社，2003 年。

19. ［荷］梵·迪克著，晏青、陈光凤译：《连接文化：社交媒体批判史》，北京：中国人民大学出版社，2020 年。（即将出版）

20. ［荷］图恩·梵·迪克著，周翔译：《话语研究：多学科导论》，重庆：重庆大学出版社，2015。

21. ［加］戴维·克劳利、［加］保罗·海尔著，董璐、何道宽、王树国译：《传播的历史：技术、文化和社会》，北京：北京大学出版社，2018 年。

22. ［美］南希·K. 拜厄姆著，董晨宇、唐悦哲译：《交往在云端：数字时代的人际关系》（第 2 版），北京：中国人民大学出版社，2020 年。

23. ［美］汤姆·斯丹迪奇著，林华译：《从莎草纸到互联网——社交媒体2000 年》，北京：中信出版社，2015 年。

24. ［美］雅克·巴尔赞著，林华译：《从黎明到衰落——西方文化生活五百年，1500 年至今》，北京：中信出版社，2014 年。

25. ［美］詹姆斯·W. 凯瑞著，丁未译：《作为文化的传播》，北京：华夏出版社，2005 年。

26. ［日］沟口雄三著，王瑞根译：《中国的冲击》，北京：生活·读书·新知三联书店，2011 年。

27. ［土］阿里夫·德里克著，李冠南、董一格译：《后革命时代的中国》，上海：上海人民出版社，2015 年。

28. ［英］彼得·伯克著，陈志宏、王婉旎译：《知识社会史》，杭州：浙江大学出版社，2017 年。

29. ［英］马丁·李斯特等著，吴炜光、付晓光译：《新媒体批判导论》（第二版），上海：复旦大学出版社，2016 年。

30. ［英］尼古拉斯·盖恩、［英］戴维·比尔著，刘君、周竞男译：《新媒介：关键概念》，上海：复旦大学出版社，2015 年。

31. ［英］詹姆斯·卡伦等著，何道宽译：《互联网的误读》，北京：中国人民大学出版社，2014 年。

32. FUCHS C. Culture and economy in the age of social media. Routledge，2015.

33. LANGLOIS G. Meaning in the age of social media. Springer，2014.

34. ZIELINSKI S. Deep time of the media. The MIT Press，2008.

后　记

……

　　近年来，我主要的研究方向有娱乐传播、传媒文化、传媒艺术。传统文化传播是我持续关注的一个领域，如果从写博士毕业论文算起，我在这个领域已研究了近十年。我的第一本专著《神话：理解中国传统文化的媒介化生存》出版后，就这个议题也陆续申请了国家社会科学基金项目、广东省哲学社会科学规划项目等多个项目。为了更好地理解新媒介内在机制的作用，我还先后翻译了《数字文化精粹》（清华大学出版社，2016年）、《连接文化：社交媒体批判史》（中国人民大学出版社，即将于2020年出版）两本书。

　　其间，我还陆续发表了一些成果，大多是在移动媒体、社交媒体情境中去考察传统文化传播，进而讨论文化哲学问题。此次，借学院筹划出版丛书的机会，将这些成果整理成书。其中的合作者贡献颇多，付森会博士参与了手机使用与春节文化的统计分析，沈成菊博士参与了传统节日文化从空间赋值到关系嵌入的研究，杨莉参与了文化在不同媒介的传播逻辑、博物馆传播的研究，景宜参与了文化类节目的空间与意义的研究，罗小红参与了传统文化在移动传播的符号学研究，杜佳芸参与了春节文化在推特传播的研究，黄小青、谢然参与了电视传播和年度观察的资料整理。跟他们合作十分愉快，感谢他们的智慧。

　　传统文化传播是一个常提常新的话题，因为"传统"本身就是开放、动态的，也是可以被"发明"、被"制造"的。未来我仍会关注这个议题，路径可能是价值批判的，也可能是实证性的，还可能只是学术路上好奇的一个打量。

晏青

2019 年 12 月

暨南文库·新闻传播学
第一辑书目